PREFACIO

La colección de guías de conversación para viajar "Todo irá bien" publicada por T&P Books está diseñada para personas que viajan al extranjero para turismo y negocios. Las guías contienen lo más importante - los elementos esenciales para una comunicación básica.Éste es un conjunto de frases imprescindibles para "sobrevivir" mientras está en el extranjero.

Esta guía de conversación le ayudará en la mayoría de los casos donde usted necesite pedir algo, conseguir direcciones, saber cuánto cuesta algo, etc. Puede también resolver situaciones difíciles de la comunicación donde los gestos no pueden ayudar.

Este libro contiene muchas frases que han sido agrupadas según los temas más relevantes. Una sección separada del libro también ofrece un pequeño diccionario con más de 1.500 palabras importantes y útiles.

Llévese la guía de conversación "Todo irá bien" en el camino y tendrá una insustituible compañera de viaje que le ayudará a salir de cualquier situación y le enseñará a no temer hablar con extranjeros.

TABLA DE CONTENIDOS

T&P Books Publishing

T&P Books Publishing

GUÍA DE CONVERSACIÓN

— POLACO —

LAS PALABRAS Y LAS FRASES MÁS ÚTILES

Esta Guía de Conversación
contiene las frases y las
preguntas más comunes
necesitadas para una
comunicación básica
con extranjeros

Andrey Taranov

T&P BOOKS

Guía de conversación + diccionario de 1500 palabras

Guía de conversación Español-Polaco y diccionario conciso de 1500 palabras

por Andrey Taranov

La colección de guías de conversación para viajar "Todo irá bien" publicada por T&P Books está diseñada para personas que viajan al extranjero para turismo y negocios. Las guías contienen lo más importante - los elementos esenciales para una comunicación básica. Éste es un conjunto de frases imprescindibles para "sobrevivir" mientras está en el extranjero.

Una otra sección del libro también ofrece un pequeño diccionario con más de 1.500 palabras útiles. El diccionario incluye muchos términos gastronómicos y será de gran ayuda para pedir los alimentos en un restaurante o comprando comestibles en la tienda.

T&P Books Publishing
www.tpbooks.com

ISBN: 978-1-78492-645-8

Este libro está disponible en formato electrónico o de E-Book también.
Visite www.tpbooks.com o las librerías electrónicas más destacadas en la Red.

PRONUNCIACIÓN

La letra	Ejemplo polaco	T&P alfabeto fonético	Ejemplo español

Las vocales

La letra	Ejemplo polaco	T&P alfabeto fonético	Ejemplo español
A a	fala	[a]	radio
Ą ą	są	[ɔ̃]	[o] nasal
E e	tekst	[ɛ]	mes
Ę ę	pięć	[ɛ̃]	[e] nasal
I i	niski	[i]	ilegal
O o	strona	[ɔ]	costa
Ó ó	ołów	[u]	mundo
U u	ulica	[u]	mundo
Y y	stalowy	[ɪ]	abismo

Las consonantes

La letra	Ejemplo polaco	T&P alfabeto fonético	Ejemplo español
B b	brew	[b]	en barco
C c	palec	[ts]	tsunami
Ć ć	haftować	[tʃ]	mapache
D d	modny	[d]	desierto
F f	perfumy	[f]	golf
G g	zegarek	[g]	jugada
H h	handel	[h]	registro
J j	jajko	[j]	asiento
K k	krab	[k]	charco
L l	mleko	[l]	lira
Ł ł	głodny	[w]	acuerdo
M m	guma	[m]	nombre
N n	Indie	[n]	número
Ń ń	jesień	[ɲ]	leña
P p	poczta	[p]	precio
R r	portret	[r]	era, alfombra
S s	studnia	[s]	salva
Ś ś	świat	[ɕ]	China

La letra	Ejemplo polaco	T&P alfabeto fonético	Ejemplo español
T t	taniec	[t]	bestia
W w	wieczór	[v]	travieso
Z z	zachód	[z]	desde
Ź ź	żaba	[ʑ]	tadzhik
Ż ż	żagiel	[ʒ]	adyacente

Las combinaciones de letras

ch	ich, zachód	[h]	mejicano
ci	kwiecień	[ʧ]	porche
cz	czasami	[ʧ]	mapache
dz	dzbanek	[ʣ]	inglés kids
dzi	dziecko	[ʥ]	tadzhik
dź	dźwig	[ʥ]	tadzhik
dż	dżinsy	[ʤ]	asiento
ni	niedziela	[ɲ]	leña
rz	orzech	[ʒ]	adyacente
si	osiem	[ɕ]	China
sz	paszport	[ʃ]	shopping
zi	zima	[ʑ]	tadzhik

Comentarios

˙   Las letras **Qq, Vv, Xx** se emplean en palabras prestadas solamente

LISTA DE ABREVIATURAS

Abreviatura en español

adj	-	adjetivo
adv	-	adverbio
anim.	-	animado
conj	-	conjunción
etc.	-	etcétera
f	-	sustantivo femenino
f pl	-	femenino plural
fam.	-	uso familiar
fem.	-	femenino
form.	-	uso formal
inanim.	-	inanimado
innum.	-	innumerable
m	-	sustantivo masculino
m pl	-	masculino plural
m, f	-	masculino, femenino
masc.	-	masculino
mat	-	matemáticas
mil.	-	militar
num.	-	numerable
p.ej.	-	por ejemplo
pl	-	plural
pron	-	pronombre
sg	-	singular
v aux	-	verbo auxiliar
vi	-	verbo intransitivo
vi, vt	-	verbo intransitivo, verbo transitivo
vr	-	verbo reflexivo
vt	-	verbo transitivo

Abreviatura en polaco

ż	-	sustantivo femenino
ż, l.mn.	-	femenino plural
l.mn.	-	plural
m	-	sustantivo masculino
m, ż	-	masculino, femenino

m, l.mn.	-	masculino plural
n	-	neutro

T&P BOOKS

GUÍA DE CONVERSACIÓN POLACO

Esta sección contiene frases
importantes que pueden
resultar útiles en varias
situaciones de la vida real.
La Guía le ayudará a pedir
direcciones, aclaración
sobre precio, comprar billetes,
y pedir alimentos en un
restaurante

T&P Books Publishing

CONTENIDO DE LA GUÍA DE CONVERSACIÓN

T&P Books Publishing

Lo más imprescindible

Perdone, ...

Przepraszam, ...
[pʃɛ'praʃam, ...]

Hola.

Witam.
['vʲitam]

Gracias.

Dziękuję.
[dʑiɛŋ'kujɛ]

Sí.

Tak.
[tak]

No.

Nie.
[ɲɛ]

No lo sé.

Nie wiem.
[ɲɛ 'vʲɛm]

¿Dónde? | ¿A dónde? | ¿Cuándo?

Gdzie? | Dokąd? | Kiedy?
[gdʑɛ? | 'dɔkɔnt? | 'kʲɛdi?]

Necesito ...

Potrzebuję ...
[pɔtʃɛ'bujɛ ...]

Quiero ...

Chcę ...
['xtsɛ ...]

¿Tiene ...?

Czy jest ...?
[tʃi 'jɛst ...?]

¿Hay ... por aquí?

Czy jest tutaj ...?
[tʃi 'jɛst 'tutaj ...?]

¿Puedo ...?

Czy mogę ...?
[tʃi 'mɔgɛ ...?]

..., por favor? (petición educada)

..., poproszę
[..., pɔ'prɔʃɛ]

Busco ...

Szukam ...
['ʃukam ...]

el servicio

toalety
[tɔa'lɛti]

un cajero automático

bankomatu
[bankɔ'matu]

una farmacia

apteki
[a'ptɛkʲi]

el hospital

szpitala
[ʃpʲi'tala]

---

la comisaría

komendy policji
[kɔ'mɛndɨ pɔ'ʎitsji]

el metro

metra
['mɛtra]

---

un taxi	**taksówki** [ta'ksufkʲi]
la estación de tren	**dworca kolejowego** ['dvɔrtsa kɔlɛjɔ'vɛgɔ]

Me llamo ...	**Mam na imię ...** [mam na 'imʲiɛ ...]
¿Cómo se llama?	**Jak pan /pani/ ma na imię?** ['jak pan /'paɲi/ ma na 'imʲiɛ?]
¿Puede ayudarme, por favor?	**Czy może pan /pani/ mi pomóc?** [ʧi 'mɔʒɛ pan /'paɲi/ mʲi 'pɔmuts?]
Tengo un problema.	**Mam problem.** [mam 'prɔblɛm]
Me encuentro mal.	**Źle się czuję.** [ʑlɛ ɕiɛ 'ʧujɛ]
¡Llame a una ambulancia!	**Proszę wezwać karetkę!** ['prɔʃɛ 'vɛzvaʨ ka'rɛtkɛ!]
¿Puedo llamar, por favor?	**Czy mogę zadzwonić?** [ʧi 'mɔgɛ za'dzvɔɲiʨ?]

Lo siento.	**Przepraszam.** [pʃɛ'praʃam]
De nada.	**Proszę bardzo.** ['prɔʃɛ 'bardzɔ]

Yo	**ja** ['ja]
tú	**ty** ['ti]
él	**on** [ɔn]
ella	**ona** ['ɔna]
ellos	**oni** ['ɔɲi]
ellas	**one** ['ɔnɛ]
nosotros /nosotras/	**my** ['mi]
ustedes, vosotros	**wy** ['vi]
usted	**pan /pani/** [pan /'paɲi/]

ENTRADA	**WEJŚCIE** ['vɛjɕʨɛ]
SALIDA	**WYJŚCIE** ['vijɕʨɛ]
FUERA DE SERVICIO	**NIECZYNNY** [ɲɛ'ʧinni]
CERRADO	**ZAMKNIĘTE** [za'mkɲiɛntɛ]

ABIERTO	**OTWARTE** [ɔ'tfartɛ]
PARA SEÑORAS	**PANIE** ['paɲɛ]
PARA CABALLEROS	**PANOWIE** [pa'nɔvʲɛ]

Preguntas

¿Dónde?	**Gdzie?** [gdʑɛ?]
¿A dónde?	**Dokąd?** ['dɔkɔnt?]
¿De dónde?	**Skąd?** ['skɔnt?]
¿Por qué?	**Dlaczego?** [dla'ʧɛgɔ?]
¿Con que razón?	**Dlaczego?** [dla'ʧɛgɔ?]
¿Cuándo?	**Kiedy?** ['kʲɛdi?]

¿Cuánto tiempo?	**Jak długo?** ['jag 'dwugɔ?]
¿A qué hora?	**O której godzinie?** [ɔ 'kturɛj gɔ'dʑiɲɛ?]
¿Cuánto?	**Ile kosztuje?** ['ilɛ kɔ'ʃtujɛ?]
¿Tiene ...?	**Czy jest ...?** [ʧi 'jɛst ...?]
¿Dónde está ...?	**Gdzie jest ...?** [gdʑɛ 'jɛst ...?]

¿Qué hora es?	**Która godzina?** ['ktura gɔ'dʑina?]
¿Puedo llamar, por favor?	**Czy mogę zadzwonić?** [ʧi 'mɔgɛ za'dzvɔɲiʨ?]
¿Quién es?	**Kto tam?** [ktɔ tam?]
¿Se puede fumar aquí?	**Czy mogę tu zapalić?** [ʧi 'mɔgɛ tu za'paʎiʨ?]
¿Puedo ...?	**Czy mogę ...?** [ʧi 'mɔgɛ ...?]

Necesidades

Quisiera ...	**Chciałbym /Chciałabym/** ... ['xtɕawbim /xtɕa'wabim/ ...]
No quiero ...	**Nie chcę** ... [ɲɛ 'xtsɛ ...]
Tengo sed.	**Jestem spragniony /spragniona/.** ['jɛstɛm spra'gɲoni /spra'gɲona/]
Tengo sueño.	**Chce mi się spać.** ['xtsɛ mʲi ɕɛ 'spatɕ]

Quiero ...	**Chcę** ... ['xtsɛ ...]
lavarme	**umyć się** ['umitɕ ɕɛ]
cepillarme los dientes	**umyć zęby** ['umitɕ 'zɛmbi]
descansar un momento	**trochę odpocząć** ['trɔxɛ ɔ'tpɔtʃɔntɕ]
cambiarme de ropa	**zmienić ubranie** ['zmʲɛɲitɕ u'braɲɛ]

volver al hotel	**wrócić do hotelu** ['vrutɕitɕ dɔ xɔ'tɛlu]
comprar ...	**kupić** ... ['kupʲitɕ ...]
ir a ...	**iść** ... ['iɕtɕ ...]
visitar ...	**odwiedzić** ... [ɔ'dvʲɛdzitɕ ...]
quedar con ...	**spotkać się z** ... ['spɔtkatɕ ɕɛ s ...]
hacer una llamada	**zadzwonić** [za'dzvɔɲitɕ]

Estoy cansado /cansada/.	**Jestem zmęczony /zmęczona/.** ['jɛstɛm zmɛ'ntʃɔni /zmɛ'ntʃɔna/]
Estamos cansados /cansadas/.	**Jesteśmy zmęczeni /zmęczone/.** [jɛs'tɛɕmi zmɛ'ntʃɛɲi /zmɛ'ntʃɔnɛ/]
Tengo frío.	**Jest mi zimno.** ['jɛst mʲi 'zimnɔ]
Tengo calor.	**Jest mi gorąco.** ['jɛst mʲi gɔ'rɔntsɔ]
Estoy bien.	**W porządku.** [f pɔ'ʒɔntku]

Tengo que hacer una llamada.

Necesito ir al servicio.

Me tengo que ir.

Me tengo que ir ahora.

Muszę zadzwonić.
['muʃɛ za'dzvɔɲitɕ]

Muszę iść do toalety.
['muʃɛ 'iɕtɕ dɔ tɔa'lɛti]

Muszę iść.
['muʃɛ 'iɕtɕ]

Muszę już iść.
['muʃɛ 'juʒ 'iɕtɕ]

Preguntar por direcciones

Perdone, ...	**Przepraszam, ...** [pʃɛ'praʃam, ...]
¿Dónde está ...?	**Gdzie jest ...?** [gdʑɛ 'jɛst ...?]
¿Por dónde está ...?	**W którą stronę jest ...?** [f 'kturɔ̃ 'strɔnɛ 'jɛst ...?]
¿Puede ayudarme, por favor?	**Czy może pan /pani/ mi pomóc?** [tʃɨ 'mɔʒɛ pan /'paɲi/ mʲi 'pɔmuts?]

Busco ...	**Szukam ...** ['ʃukam ...]
Busco la salida.	**Szukam wyjścia.** ['ʃukam 'vijɕtɕa]
Voy a ...	**Jadę do ...** ['jadɛ dɔ ...]
¿Voy bien por aquí para ...?	**Czy idę w dobrym kierunku do ...?** [tʃɨ 'idɛ v 'dɔbrim kʲɛ'runku 'dɔ ...?]

¿Está lejos?	**Czy to daleko?** [tʃɨ tɔ da'lɛkɔ?]
¿Puedo llegar a pie?	**Czy mogę tam dojść pieszo?** [tʃɨ 'mɔgɛ tam 'dɔjɕtɕ 'pʲɛʃɔ?]
¿Puede mostrarme en el mapa?	**Czy może mi pan /pani/ pokazać na mapie?** [tʃɨ 'mɔʒɛ mʲi pan /'paɲi/ pɔ'kazatɕ na 'mapʲɛ?]
Por favor muestreme dónde estamos.	**Proszę mi pokazać gdzie teraz jesteśmy.** ['prɔʃɛ mʲi pɔ'kazatɕ gdʑɛ 'tɛras jɛ'stɛɕmi]

Aquí	**Tutaj** ['tutaj]
Allí	**Tam** [tam]
Por aquí	**Tędy** ['tɛndi]

Gire a la derecha.	**Należy skręcić w prawo.** [na'lɛʒɨ 'skrɛntɕitɕ f 'pravɔ]
Gire a la izquierda.	**Należy skręcić w lewo.** [na'lɛʒɨ 'skrɛntɕitɕ v 'lɛvɔ]
la primera (segunda, tercera) calle	**pierwszy (drugi, trzeci) skręt** ['pʲɛrfʃɨ ('drugi, 'tʃɛtɕi) 'skrɛnt]

a la derecha	**w prawo** [f 'pravɔ]
a la izquierda	**w lewo** [v 'lɛvɔ]
Siga recto.	**Proszę iść prosto.** ['prɔʃɛ 'iɕtɕ 'prɔstɔ]

Carteles

¡BIENVENIDO!	**WITAMY!** [vʲi'tamʲi]
ENTRADA	**WEJŚCIE** ['vɛjɕtɕɛ]
SALIDA	**WYJŚCIE** ['vijɕtɕɛ]

EMPUJAR	**PCHAĆ** ['pxatɕ]
TIRAR	**CIĄGNĄĆ** ['tɕiɔŋgnɔntɕ]
ABIERTO	**OTWARTE** [ɔ'tfartɛ]
CERRADO	**ZAMKNIĘTE** [za'mkɲiɛntɛ]

PARA SEÑORAS	**PANIE** ['paɲɛ]
PARA CABALLEROS	**PANOWIE** [pa'nɔvʲɛ]
CABALLEROS	**TOALETA MĘSKA** [tɔa'lɛta 'mɛ̃ska]
SEÑORAS	**TOALETA DAMSKA** [tɔa'lɛta 'damska]

REBAJAS	**ZNIŻKI** ['zɲiʃkʲi]
VENTA	**WYPRZEDAŻ** [vʲi'pʃɛdaʒ]
GRATIS	**ZA DARMO** [za 'darmɔ]
¡NUEVO!	**NOWOŚĆ!** ['nɔvɔɕtɕ!]
ATENCIÓN	**UWAGA!** [u'vaga!]

COMPLETO	**BRAK WOLNYCH MIEJSC** ['brag 'vɔlnix 'mʲɛjsts]
RESERVADO	**REZERWACJA** [rɛzɛ'rvatsja]
ADMINISTRACIÓN	**ADMINISTRACJA** [admʲiɲi'stratsja]
SÓLO PERSONAL AUTORIZADO	**TYLKO DLA PERSONELU** ['tɨlkɔ 'dla pɛrsɔ'nɛlu]

CUIDADO CON EL PERRO	**UWAGA PIES** [u'vaga 'pʲɛs]
NO FUMAR	**ZAKAZ PALENIA** ['zakas pa'lɛɲa]
NO TOCAR	**NIE DOTYKAĆ!** [ɲɛ dɔ'tikatɕ!]
PELIGROSO	**NIEBEZPIECZNE** [ɲɛbɛ'spʲɛʧɲɛ]
PELIGRO	**NIEBEZPIECZEŃSTWO** [ɲɛbɛspʲɛ'ʧɛɲstfɔ]
ALTA TENSIÓN	**WYSOKIE NAPIĘCIE** [vɨ'sɔkʲɛ na'pʲiɛntɕɛ]
PROHIBIDO BAÑARSE	**ZAKAZ PŁYWANIA** ['zakas pwi'vaɲa]
FUERA DE SERVICIO	**NIECZYNNY** [ɲɛ'ʧinnɨ]
INFLAMABLE	**ŁATWOPALNY** [watfɔ'palnɨ]
PROHIBIDO	**ZABRONIONE** [zabrɔ'ɲɔnɛ]
PROHIBIDO EL PASO	**WSTĘP WZBRONIONY!** ['fstɛmb vzbrɔ'ɲɔni!]
RECIÉN PINTADO	**ŚWIEŻO MALOWANE** ['ɕvʲɛʒɔ malɔ'vanɛ]
CERRADO POR RENOVACIÓN	**ZAMKNIĘTE NA CZAS REMONTU** [za'mkɲiɛntɛ na 'ʧaz rɛ'mɔntu]
EN OBRAS	**ROBOTY DROGOWE** [rɔ'bɔtɨ drɔ'gɔvɛ]
DESVÍO	**OBJAZD** ['ɔbjazt]

Transporte. Frases generales

el avión	**samolot** [sa'mɔlɔt]
el tren	**pociąg** ['pɔtɕiɔŋk]
el bus	**autobus** [aw'tɔbus]
el ferry	**prom** ['prɔm]
el taxi	**taksówka** [ta'ksufka]
el coche	**samochód** [sa'mɔxut]

el horario	**rozkład jazdy | rozkład lotów** ['rɔskwat 'jazdi | 'rɔskwat 'lɔtuf]
¿Dónde puedo ver el horario?	**Gdzie znajdę rozkład jazdy?** [gdʑɛ 'znajdɛ 'rɔskwat 'jazdi?]
días laborables	**dni robocze** ['dɲi rɔ'bɔtʃɛ]
fines de semana	**weekend** [vɛ'ɛkɛnt]
días festivos	**święta** ['ɕviⁱɛnta]

SALIDA	**WYJAZDY | PRZYLOTY** [viᵉjazdɨ | pʃiᵉlɔti]
LLEGADA	**PRZYJAZDY | ODLOTY** [pʃiᵉjazdɨ | ɔ'dlɔti]
RETRASADO	**OPÓŹNIONY** [ɔpu'ʑɲɔnɨ]
CANCELADO	**ODWOŁANY** [ɔdvɔ'wanɨ]

siguiente (tren, etc.)	**następny** [na'stɛmpnɨ]
primero	**pierwszy** ['pⁱɛrfʃi]
último	**ostatni** [ɔ'statɲi]

¿Cuándo pasa el siguiente …?	**O której jest następny …?** [ɔ 'kturɛj 'jɛst na'stɛmpni …?]
¿Cuándo pasa el primer …?	**O której jest pierwszy …?** [ɔ 'kturɛj 'jɛst 'pⁱɛrfʃi …?]

¿Cuándo pasa el último …?

O której jest ostatni …?
[ɔ 'kturɛj 'jɛst ɔ'statɲi …?]

el trasbordo (cambio de trenes, etc.)

przesiadka
[pʃɛ'ɕatka]

hacer un trasbordo

przesiąść się
['pʃɛɕiɔ̃ɕtɕ ɕiɛ]

¿Tengo que hacer un trasbordo?

Czy muszę się przesiadać?
[ʧi 'muʃɛ ɕiɛ pʃɛ'ɕadatɕ?]

Comprar billetes

¿Dónde puedo comprar un billete?	**Gdzie mogę kupić bilety?** [gdzɛ 'mɔgɛ 'kupʲitɕ bʲi'lɛti?]
el billete	**bilet** ['bʲilɛt]
comprar un billete	**kupić bilet** ['kupʲitɕ 'bʲilɛt]
precio del billete	**cena biletu** ['tsɛna bʲi'lɛtu]

¿Para dónde?	**Dokąd?** ['dokɔnt?]
¿A qué estación?	**Do której stacji?** [dɔ 'kturɛj 'statsji?]
Necesito …	**Poproszę …** [pɔ'prɔʃɛ …]
un billete	**jeden bilet** ['jɛdɛn 'bʲilɛt]
dos billetes	**dwa bilety** ['dva bʲi'lɛti]
tres billetes	**trzy bilety** [tʃi bʲi'lɛti]

sólo ida	**w jedną stronę** [f 'jɛdnɔ̃ 'strɔnɛ]
ida y vuelta	**w obie strony** [v 'ɔbʲɛ 'strɔni]
en primera (primera clase)	**pierwsza klasa** ['pʲɛrfʃa 'klasa]
en segunda (segunda clase)	**druga klasa** ['druga 'klasa]

hoy	**dzisiaj** ['dʑiɕaj]
mañana	**jutro** ['jutrɔ]
pasado mañana	**pojutrze** [pɔ'jutʃɛ]
por la mañana	**rano** ['ranɔ]
por la tarde	**po południu** [pɔ pɔ'wudɲu]
por la noche	**wieczorem** [vʲɛ'tʃɔrɛm]

asiento de pasillo

miejsce przy przejściu
['mʲɛjstsɛ pʃi 'pʃɛjɕtɕu]

asiento de ventanilla

miejsce przy oknie
['mʲɛjstsɛ pʃi 'ɔkɲɛ]

¿Cuánto cuesta?

Ile kosztuje?
['ilɛ kɔ'ʃtujɛ?]

¿Puedo pagar con tarjeta?

Czy mogę zapłacić kartą?
[tʃi 'mɔgɛ za'pwatɕitɕ 'kartɔ̃?]

Autobús

el autobús	**autobus** [aw'tɔbus]
el autobús interurbano	**autobus międzymiastowy** [aw'tɔbus mʲiɛndzimʲa'stɔvi]
la parada de autobús	**przystanek autobusowy** [pʃi'stanɛk awtɔbu'sɔvi]
¿Dónde está la parada de autobuses más cercana?	**Gdzie jest najbliższy przystanek autobusowy?** [gdʑɛ 'jɛst najb'ʎiʃʃi pʃi'stanɛk awtɔbu'sɔvi?]

número	**numer** ['numɛr]
¿Qué autobús tengo que tomar para ...?	**Którym autobusem dojadę do ...?** ['kturim awtɔ'busɛm dɔ'jadɛ dɔ ...?]
¿Este autobús va a a ...?	**Czy ten autobus jedzie do ...?** [tʃi 'tɛn aw'tɔbus 'jɛdʑɛ dɔ ...?]
¿Cada cuanto pasa el autobús?	**Jak często jeżdżą autobusy?** ['jak 'tʃɛ̃stɔ 'jɛʒdʒɔ̃ awtɔ'busi?]

cada 15 minutos	**co piętnaście minut** ['tsɔ pʲiɛ'ntnaɕtɕɛ 'mʲinut]
cada media hora	**co pół godziny** ['tsɔ 'puw gɔ'dʑini]
cada hora	**co godzinę** ['tsɔ gɔ'dʑinɛ]
varias veces al día	**kilka razy dziennie** ['kʲilka 'razi 'dʑɛɲɲɛ]
... veces al día	**... razy dziennie** [... 'razi 'dʑɛɲɲɛ]

el horario	**rozkład jazdy** ['rɔskwat 'jazdi]
¿Dónde puedo ver el horario?	**Gdzie znajdę rozkład jazdy?** [gdʑɛ 'znajdɛ 'rɔskwat 'jazdi?]
¿Cuándo pasa el siguiente autobús?	**O której jest następny autobus?** [ɔ 'kturɛj 'jɛst na'stɛmpni aw'tɔbus?]
¿Cuándo pasa el primer autobús?	**O której jest pierwszy autobus?** [ɔ 'kturɛj 'jɛst 'pʲɛrfʃi aw'tɔbus?]
¿Cuándo pasa el último autobús?	**O której jest ostatni autobus?** [ɔ 'kturɛj 'jɛst ɔ'statɲi aw'tɔbus?]
la parada	**przystanek** [pʃi'stanɛk]

la siguiente parada	**następny przystanek** [na'stɛmpni pʃi'stanɛk]
la última parada	**ostatni przystanek** [ɔ'statɲi pʃi'stanɛk]
Pare aquí, por favor.	**Proszę się tu zatrzymać.** ['prɔʃɛ ɕɛ tu za'tʃimatɕ]
Perdone, esta es mi parada.	**Przepraszam, to mój przystanek.** [pʃɛ'praʃam, tɔ muj pʃi'stanɛk]

Tren

el tren	**pociąg** ['pɔtɕiɔŋk]
el tren de cercanías	**kolejka** [kɔ'lɛjka]
el tren de larga distancia	**pociąg dalekobieżny** ['pɔtɕiɔŋk dalɛkɔ'bʲɛʒnɨ]
la estación de tren	**dworzec kolejowy** ['dvɔʒɛts kɔlɛ'jɔvɨ]
Perdone, ¿dónde está la salida al anden?	**Przepraszam, gdzie jest** **wyjście z peronu?** [pʃɛ'praʃam, gdʑɛ 'jɛsd 'vɨjɕtɕɛ s pɛ'rɔnu?]

¿Este tren va a ...?	**Czy ten pociąg jedzie do ...?** [tʃɨ 'tɛn 'pɔtɕiɔŋk 'jɛdʑɛ dɔ ...?]
el siguiente tren	**następny pociąg** [na'stɛmpnɨ 'pɔtɕiɔŋk]
¿Cuándo pasa el siguiente tren?	**O której jest następny pociąg?** [ɔ 'kturɛj 'jɛst na'stɛmpnɨ 'pɔtɕiɔŋk?]
¿Dónde puedo ver el horario?	**Gdzie znajdę rozkład jazdy?** [gdʑɛ 'znajdɛ 'rɔskwat 'jazdi?]
¿De qué andén?	**Z którego peronu?** [s ktu'rɛgɔ pɛ'rɔnu?]
¿Cuándo llega el tren a ...?	**O której ten pociąg dojeżdża do ...?** [ɔ 'kturɛj 'tɛn 'pɔtɕiɔŋk dɔ'jɛʒdʒa dɔ ...?]

Ayudeme, por favor.	**Proszę mi pomóc.** ['prɔʃɛ mʲi 'pɔmuts]
Busco mi asiento.	**Szukam swojego miejsca.** ['ʃukam sfɔ'jɛgɔ 'mʲɛjstsa]
Buscamos nuestros asientos.	**Szukamy naszych miejsc.** [ʃu'kamɨ 'naʃɨx 'mʲɛjsts]
Mi asiento está ocupado.	**Moje miejsce jest zajęte.** ['mɔjɛ 'mʲɛjstsɛ 'jɛsd za'jɛntɛ]
Nuestros asientos están ocupados.	**Nasze miejsca są zajęte.** ['naʃɛ 'mʲɛjstsa 'sɔ̃ za'jɛntɛ]

Perdone, pero ese es mi asiento.	**Przykro mi ale to moje miejsce.** ['pʃɨkrɔ mʲi 'alɛ tɔ 'mɔjɛ 'mʲɛjstsɛ]
¿Está libre?	**Czy to miejsce jest zajęte?** [tʃɨ tɔ 'mʲɛjstsɛ 'jɛsd za'jɛntɛ?]
¿Puedo sentarme aquí?	**Czy mogę tu usiąść?** [tʃɨ 'mɔgɛ tu 'uɕiɔ̃ɕtɕ?]

En el tren. Diálogo (Sin billete)

Su billete, por favor.	**Bilety, proszę.** [biˈlɛti, ˈprɔʃɛ]
No tengo billete.	**Nie mam biletu.** [ɲɛ ˈmam biˈlɛtu]
He perdido mi billete.	**Zgubiłem bilet.** [zguˈbiwɛm ˈbilɛt]
He olvidado mi billete en casa.	**Zostawiłem bilet w domu.** [zɔstaˈviwɛm ˈbilɛt v ˈdɔmu]

Le puedo vender un billete.	**Może pan /pani/ kupić bilet ode mnie.** [ˈmɔʒɛ pan /ˈpaɲi/ ˈkupitɕ ˈbilɛt ˈɔdɛ ˈmɲɛ]
También deberá pagar una multa.	**Będzie pan musiał /pani musiała/ również zapłacić mandat.** [ˈbɛndzɛ pan ˈmuɕaw /ˈpaɲi muˈɕawa/ ˈruvɲɛʒ zaˈpwatɕitɕ ˈmandat]
Vale.	**Dobrze.** [ˈdɔbʒɛ]
¿A dónde va usted?	**Dokąd pan /pani/ jedzie?** [ˈdɔkɔnt pan /ˈpaɲi/ ˈjɛdzɛ?]
Voy a ...	**Jadę do ...** [ˈjadɛ dɔ ...]

¿Cuánto es? No lo entiendo.	**Ile kosztuje? Nie rozumiem.** [ˈilɛ kɔˈʃtujɛ? ɲɛ rɔˈzumjɛm]
Escríbalo, por favor.	**Czy może pan /pani/ to napisać?** [tʃi ˈmɔʒɛ pan /ˈpaɲi/ tɔ naˈpisatɕ?]
Vale. ¿Puedo pagar con tarjeta?	**Dobrze. Czy mogę zapłacić kartą?** [ˈdɔbʒɛ. tʃi ˈmɔgɛ zaˈpwatɕitɕ ˈkartɔ̃?]
Sí, puede.	**Tak, można.** [tak, ˈmɔʒna]

Aquí está su recibo.	**Oto pański /pani/ rachunek.** [ˈɔtɔ ˈpaɲski /ˈpaɲi/ raˈxunɛk]
Disculpe por la multa.	**Przykro mi z powodu mandatu.** [ˈpʃikrɔ mi s pɔˈvɔdu maˈndatu]
No pasa nada. Fue culpa mía.	**W porządku. To moja wina.** [f pɔˈʒɔntku. tɔ ˈmɔja ˈvina]
Disfrute su viaje.	**Miłej podróży.** [ˈmiwɛj pɔˈdruʒi]

Taxi

taxi	**taksówka** [ta'ksufka]
taxista	**taksówkarz** [ta'ksufkaʃ]
coger un taxi	**złapać taksówkę** ['zwapatɕ ta'ksufkɛ]
parada de taxis	**postój taksówek** ['postuj ta'ksuvɛk]
¿Dónde puedo coger un taxi?	**Gdzie mogę wziąć taksówkę?** [gdʑɛ 'mɔgɛ vʑi'ɔ̃tɕ ta'ksufkɛ?]
llamar a un taxi	**zadzwonić po taksówkę** [za'dzvɔɲitɕ pɔ ta'ksufkɛ]
Necesito un taxi.	**Potrzebuję taksówkę.** [pɔtʃɛ'bujɛ ta'ksufkɛ]
Ahora mismo.	**Jak najszybciej.** ['jak na'jʃiptɕɛj]
¿Cuál es su dirección?	**Skąd pana /pania/ odebrać?** ['skɔnt 'pana /'paɲiɔ̃/ ɔ'dɛbratɕ?]
Mi dirección es ...	**Mój adres to ...** [muj 'adrɛs tɔ ...]
¿Cuál es el destino?	**Dokąd pan /pani/ chce jechać?** ['dɔkɔnt pa'n /paɲi/ 'xtsɛ 'jɛxatɕ?]
Perdone, ...	**Przepraszam, ...** [pʃɛ'praʃam, ...]
¿Está libre?	**Czy jest pan wolny?** [tʃi 'jɛst pan 'vɔlni?]
¿Cuánto cuesta ir a ...?	**Ile kosztuje przejazd do ...?** ['ilɛ kɔ'ʃtujɛ 'pʃɛjazd dɔ ...?]
¿Sabe usted dónde está?	**Wie pan /pani/ gdzie to jest?** ['vʲɛ pan /'paɲi/ gdʑɛ tɔ 'jɛst?]
Al aeropuerto, por favor.	**Na lotnisko, proszę.** [na lɔt'ɲiskɔ, 'prɔʃɛ]
Pare aquí, por favor.	**Proszę się tu zatrzymać.** ['prɔʃɛ ɕɛ tu za'tʃimatɕ]
No es aquí.	**To nie tutaj.** [tɔ ɲɛ 'tutaj]
La dirección no es correcta.	**To zły adres.** [tɔ 'zwi 'adrɛs]
Gire a la izquierda.	**Proszę skręcić w lewo.** ['prɔʃɛ 'skrɛntɕitɕ v 'lɛvɔ]
Gire a la derecha.	**Proszę skręcić w prawo.** ['prɔʃɛ 'skrɛntɕitɕ f 'pravɔ]

¿Cuánto le debo?

¿Me da un recibo, por favor?

Quédese con el cambio.

Ile płacę?
['ilɛ 'pwatsɛ?]

Poproszę rachunek.
[pɔ'prɔʃɛ ra'xunɛk]

Proszę zachować resztę.
['prɔʃɛ za'xɔvatɕ 'rɛʃtɛ]

Espéreme, por favor.

cinco minutos

diez minutos

quince minutos

veinte minutos

media hora

**Czy może pan /pani/
na mnie poczekać?**
[tʃi 'mɔʒɛ pan /'paɲi/
na mɲɛ pɔ'tʃɛkatɕ?]

pięć minut
['pʲiɛntɕ 'mʲinut]

dziesięć minut
['dʑɛɕiɛntɕ 'mʲinut]

piętnaście minut
[pʲiɛ'ntnaɕtɕɛ 'mʲinut]

dwadzieścia minut
[dva'dʑɛɕtɕa 'mʲinut]

pół godziny
['puw gɔ'dʑini]

Hotel

Hola.	**Witam.** ['vʲitam]
Me llamo ...	**Mam na imię ...** [mam na 'imʲiɛ ...]
Tengo una reserva.	**Mam rezerwację.** [mam rɛzɛ'rvatsjɛ]
Necesito ...	**Potrzebuję ...** [pɔʧɛ'bujɛ ...]
una habitación individual	**pojedynczy pokój** [pɔjɛ'dɨnʧi 'pɔkuj]
una habitación doble	**podwójny pokój** [pɔ'dvujnɨ 'pɔkuj]
¿Cuánto cuesta?	**Ile to kosztuje?** ['ilɛ tɔ kɔ'ʃtujɛ?]
Es un poco caro.	**To trochę za drogo.** [tɔ 'trɔxɛ za 'drɔgɔ]

¿Tiene alguna más?	**Czy są inne pokoje?** [ʧɨ 'sɔ̃ 'innɛ pɔ'kɔjɛ?]
Me quedo.	**Wezmę ten.** ['vɛzmɛ 'tɛn]
Pagaré en efectivo.	**Zapłacę gotówką.** [za'pwatsɛ gɔ'tufkɔ̃]

Tengo un problema.	**Mam problem.** [mam 'prɔblɛm]
Mi ... no funciona.	**... jest zepsuty /zepsuta/.** [... 'jɛsd zɛ'psutɨ /zɛ'psuta/.]
Mi ... está fuera de servicio.	**... jest nieczynny /nieczynna/.** [... 'jɛst ɲɛ'ʧinnɨ /ɲɛ'ʧinna/.]
televisión	**Mój telewizor ...** [muj tɛlɛ'vʲizɔr ...]
aire acondicionado	**Moja klimatyzacja ...** ['mɔja kʎimatɨ'zatsja ...]
grifo	**Mój kran ...** [muj 'kran ...]
ducha	**Mój prysznic ...** [muj 'prɨʃɲits ...]
lavabo	**Mój zlew ...** [muj 'zlɛf ...]
caja fuerte	**Mój sejf ...** [muj 'sɛjf ...]
cerradura	**Mój zamek ...** [muj 'zamɛk ...]

enchufe	**Moje gniazdko elektryczne ...** ['mɔjɛ 'gɲaztkɔ ɛlɛ'ktritʃnɛ ...]
secador de pelo	**Moja suszarka ...** ['mɔja su'ʃarka ...]

No tengo ...	**Nie mam ...** [ɲɛ 'mam ...]
agua	**wody** ['vɔdɨ]
luz	**światła** ['ɕvʲatwa]
electricidad	**prądu** ['prɔndu]

¿Me puede dar ...?	**Czy może mi pan /pani/ przynieść ...?** [tʃɨ 'mɔʒɛ mʲi pan /'paɲi/ 'pʃɨɲɛɕtɕ ...?]
una toalla	**ręcznik** ['rɛntʃɲik]
una sábana	**koc** ['kɔts]
unas chanclas	**kapcie** ['kaptɕɛ]
un albornoz	**szlafrok** ['ʃlafrɔk]
un champú	**szampon** ['ʃampɔn]
jabón	**mydło** ['mɨdwɔ]

Quisiera cambiar de habitación.	**Chciałbym /chciałabym/ zmienić pokój.** ['xtɕawbɨm /xtɕa'wabɨm/ 'zmʲɛɲitɕ 'pokuj]
No puedo encontrar mi llave.	**Nie mogę znaleźć mojego klucza.** [ɲɛ 'mɔgɛ 'znalɛɕtɕ mɔ'jɛgɔ 'klutʃa]
Por favor abra mi habitación.	**Czy może pani otworzyć mój pokój?** [tʃɨ 'mɔʒɛ 'paɲi ɔ'tfɔʒɨtɕ muj 'pokuj?]
¿Quién es?	**Kto tam?** [ktɔ tam?]
¡Entre!	**Proszę wejść!** ['prɔʃɛ 'vɛjɕtɕ!]
¡Un momento!	**Chwileczkę!** [xvʲi'lɛtʃkɛ!]
Ahora no, por favor.	**Nie teraz, proszę.** [ɲɛ 'tɛras, 'prɔʃɛ]

Venga a mi habitación, por favor.	**Proszę wejść do mojego pokoju.** ['prɔʃɛ 'vɛjɕtɕ dɔ mɔ'jɛgɔ pɔ'kɔju]
Quisiera hacer un pedido.	**Chciałbym /chciałabym/ zamówić posiłek do pokoju.** ['xtɕawbɨm /xtɕa'wabɨm/ za'muvʲitɕ pɔ'ɕiwɛg dɔ pɔ'kɔju]

Mi número de habitación es …   **Mój numer pokoju to …**
[muj 'numɛr pɔ'kɔju tɔ …]

Me voy …   **Wyjeżdżam …**
[vɨ'jɛʒdʒam …]

Nos vamos …   **Wyjeżdżamy …**
[vɨjɛ'ʒdʒamɨ …]

Ahora mismo   **jak najszybciej**
['jak na'jʃiptɕɛj]

esta tarde   **po południu**
[pɔ pɔ'wudɲu]

esta noche   **dziś wieczorem**
['dʑiɕ vʲɛ'ʧɔrɛm]

mañana   **jutro**
['jutrɔ]

mañana por la mañana   **jutro rano**
['jutrɔ 'ranɔ]

mañana por la noche   **jutro wieczorem**
['jutrɔ vʲɛ'ʧɔrɛm]

pasado mañana   **pojutrze**
[pɔ'juʧɛ]

Quisiera pagar la cuenta.   **Chciałbym zapłacić.**
['xtɕawbɨm za'pwatɕitɕ]

Todo ha estado estupendo.   **Wszystko było wspaniałe.**
[fʃistkɔ 'bɨwɔ fspa'ɲawɛ]

¿Dónde puedo coger un taxi?   **Gdzie mogę wziąć taksówkę?**
[gdʑɛ 'mɔgɛ vʑi'ɔ̃tɕ ta'ksufkɛ?]

¿Puede llamarme un taxi, por favor?   **Czy może pan /pani/ wezwać dla mnie taksówkę?**
[ʧɨ 'mɔʒɛ pan /'paɲi/ 'vɛzvatɕ 'dla 'mɲɛ ta'ksufkɛ?]

Restaurante

¿Puedo ver el menú, por favor?	**Czy mogę prosić menu?** [ʧi 'mɔgɛ 'prɔɕitɕ 'mɛnu?]
Mesa para uno.	**Stolik dla jednej osoby.** ['stɔʎig 'dla 'jɛdnɛj ɔ'sɔbi]
Somos dos (tres, cuatro).	**Jest nas dwoje (troje, czworo).** ['jɛst 'naz 'dvɔjɛ ('trɔjɛ, 'ʧvɔrɔ)]

Para fumadores	**Dla palących.** ['dla pa'lɔntsix]
Para no fumadores	**Dla niepalących.** ['dla ɲɛpa'lɔntsix]
¡Por favor! (llamar al camarero)	**Przepraszam!** [pʃɛ'praʃam!]
la carta	**menu** ['mɛnu]
la carta de vinos	**lista win** ['ʎista 'vⁱin]
La carta, por favor.	**Poproszę menu.** [pɔ'prɔʃɛ 'mɛnu]

¿Está listo para pedir?	**Czy są Państwo gotowi?** [ʧi 'sɔ̃ 'paɲstfɔ gɔ'tɔvⁱi?]
¿Qué quieren pedir?	**Co Państwo zamawiają?** ['tsɔ 'paɲstfɔ zama'vⁱajɔ̃?]
Yo quiero …	**Zamawiam …** [za'mavⁱam …]

Soy vegetariano.	**Jestem wegetarianinem /wegetarianką/.** ['jɛstɛm vɛgɛtaria'ɲinɛm /vɛgɛta'riankɔ̃/]
carne	**mięso** ['mⁱiɛ̃sɔ]
pescado	**ryba** ['riba]
verduras	**warzywa** [va'ʒiva]
¿Tiene platos para vegetarianos?	**Czy są dania wegetariańskie?** [ʧi 'sɔ̃ 'daɲa vɛgɛta'riaɲskⁱɛ?]

No como cerdo.	**Nie jadam wieprzowiny.** [ɲɛ 'jadam vⁱɛpʃɔ'vⁱini]
Él /Ella/ no come carne.	**On /Ona/ nie je mięsa.** [ɔn /'ɔna/ ɲɛ 'jɛ 'mⁱiɛ̃sa]

Soy alérgico a ...

Jestem uczulony /uczulona/ na ...
['jɛstɛm utʃu'lɔnɨ /utʃu'lɔna/ na ...]

¿Me puede traer ..., por favor?

Czy może pan /pani/ przynieść mi ...
[tʃɨ 'mɔʒɛ pan /'pani/ 'pʃɨɲɛɕtɕ mʲi ...]

sal | pimienta | azúcar

sól | pieprz | cukier
['suʎ | 'pʲɛpʃ | 'tsukʲɛr]

café | té | postre

kawa | herbata | deser
['kava | xɛ'rbata | 'dɛsɛr]

agua | con gas | sin gas

woda | gazowana | bez gazu
['vɔda | gazɔ'vana | 'bɛz 'gazu]

una cuchara | un tenedor | un cuchillo

łyżka | widelec | nóż
['wiʃka | vʲi'dɛlɛts | 'nuʒ]

un plato | una servilleta

talerz | serwetka
['talɛʃ | sɛr'vɛtka]

¡Buen provecho!

Smacznego!
[sma'tʃnɛgɔ!]

Uno más, por favor.

Jeszcze raz poproszę.
['jɛʃtʃɛ 'ras pɔ'prɔʃɛ]

Estaba delicioso.

To było pyszne.
[tɔ 'bɨwɔ 'pɨʃnɛ]

---

la cuenta | el cambio | la propina

rachunek | drobne | napiwek
[ra'xunɛk | 'drɔbnɛ | na'pʲivɛk]

La cuenta, por favor.

Rachunek proszę.
[ra'xunɛk 'prɔʃɛ]

¿Puedo pagar con tarjeta?

Czy mogę zapłacić kartą?
[tʃɨ 'mɔgɛ za'pwatɕitɕ 'kartɔ̃?]

Perdone, aquí hay un error.

Przykro mi, tu jest błąd.
['pʃikrɔ mʲi, tu 'jɛsd 'bwɔnt]

De Compras

¿Puedo ayudarle?	**W czym mogę pomóc?** [f 'tʃim 'mɔgɛ 'pɔmuts?]
¿Tiene ...?	**Czy jest ...?** [tʃi 'jɛst ...?]
Busco ...	**Szukam ...** ['ʃukam ...]
Necesito ...	**Potrzebuję ...** [pɔtʃɛ'bujɛ ...]

Sólo estoy mirando.	**Tylko się rozglądam.** ['tɨlkɔ ɕiɛ rɔ'zglɔndam]
Sólo estamos mirando.	**Tylko się rozglądamy.** ['tɨlkɔ ɕiɛ rɔzglɔn'damɨ]
Volveré más tarde.	**Wrócę później.** ['vrutsɛ 'puʒɲɛj]
Volveremos más tarde.	**Wrócimy później.** [vru'tɕimɨ 'puʒɲɛj]
descuentos | oferta	**zniżka | wyprzedaż** ['zɲiʃka | vɨ'pʃɛdaʒ]

Por favor, enséñeme ...	**Czy może mi pan /pani/ pokazać ...** [tʃi 'mɔʒɛ mʲi pan /'paɲi/ pɔ'kazatɕ ...]
¿Me puede dar ..., por favor?	**Czy może mi pan /pani/ dać ...** [tʃi 'mɔʒɛ mʲi pan /'paɲi/ datɕ ...]
¿Puedo probarmelo?	**Czy mogę przymierzyć?** [tʃi 'mɔgɛ pʃi'mʲɛʒitɕ?]
Perdone, ¿dónde están los probadores?	**Przepraszam,** **gdzie jest przymierzalnia?** [pʃɛ'praʃam, gdzɛ 'jɛst pʃimʲɛ'ʒalɲa?]
¿Qué color le gustaría?	**Jaki kolor pan /pani/ sobie życzy?** ['jakʲi 'kɔlɔr pan /'paɲi/ 'sɔbʲɛ 'ʒitʃi?]
la talla | el largo	**rozmiar | długość** ['rɔzmʲar | 'dwugɔɕtɕ]
¿Cómo le queda? (¿Está bien?)	**Jak to leży?** ['jak tɔ 'lɛʒi?]

¿Cuánto cuesta esto?	**Ile to kosztuje?** ['ilɛ tɔ kɔ'ʃtujɛ?]
Es muy caro.	**To za drogo.** [tɔ za 'drɔgɔ]
Me lo llevo.	**Wezmę to.** ['vɛzmɛ 'tɔ]

Perdone, ¿dónde está la caja?

Przepraszam, gdzie mogę zapłacić?
[pʃɛ'praʃam, gdʑɛ 'mɔgɛ za'pwatɕitɕ?]

¿Pagará en efectivo o con tarjeta?

Czy płaci pan /pani/ gotówką czy kartą?
[ʧ̑i 'pwatɕi pan /'paɲi/ gɔ'tufkɔ̃ ʧ̑i 'kartɔ̃?]

en efectivo | con tarjeta

Gotówką | kartą kredytową
[gɔ'tufkɔ̃ | 'kartɔ̃ krɛdi'tɔvɔ̃]

¿Quiere el recibo?

Czy chce pan /pani/ rachunek?
[ʧ̑i xtsɛ pan /'paɲi/ ra'xunɛk?]

Sí, por favor.

Tak, proszę.
[tak, 'prɔʃɛ]

No, gracias.

Nie, dziękuję.
[ɲɛ, dʑɛ'ŋkujɛ]

Gracias. ¡Que tenga un buen día!

Dziękuję. Miłego dnia!
[dʑɛɲ'kujɛ. mʲi'wɛgɔ dɲa!]

En la ciudad

Perdone, por favor.	**Przepraszam.** [pʃɛ'praʃam]
Busco ...	**Szukam ...** ['ʃukam ...]
el metro	**metra** ['mɛtra]
mi hotel	**mojego hotelu** [mɔ'jɛgɔ xɔ'tɛlu]
el cine	**kina** ['kʲina]
una parada de taxis	**postoju taksówek** [pɔ'stɔju ta'ksuvɛk]
un cajero automático	**bankomatu** [bankɔ'matu]
una oficina de cambio	**kantoru wymiany walut** [ka'ntɔru vʲ'mʲanɨ va'lut]
un cibercafé	**kafejki internetowej** [ka'fɛjkʲi intɛrnɛ'tɔvɛj]
la calle ...	**ulicy ...** [u'ʎitsɨ ...]
este lugar	**tego miejsca** ['tɛgɔ 'mʲɛjstsa]
¿Sabe usted dónde está ...?	**Czy wie pan /pani/ gdzie jest ...?** [tʃɨ 'vʲɛ pan /'paɲi/ gdʑɛ 'jɛst ...?]
¿Cómo se llama esta calle?	**Na jakiej to ulicy?** [na 'jakʲɛj tɔ u'ʎitsɨ?]
Muestreme dónde estamos ahora.	**Proszę mi pokazać gdzie teraz jesteśmy.** ['prɔʃɛ mʲi pɔ'kazatɕ gdʑɛ 'tɛras jɛ'stɛɕmɨ]
¿Puedo llegar a pie?	**Czy mogę tam dojść pieszo?** [tʃɨ 'mɔgɛ tam 'dɔjɕtɕ 'pʲɛʃɔ?]
¿Tiene un mapa de la ciudad?	**Czy ma pan /pani/ mapę miasta?** [tʃɨ ma pan /'paɲi/ 'mapɛ 'mʲasta?]
¿Cuánto cuesta la entrada?	**Ile kosztuje wejście?** ['ilɛ kɔ'ʃtujɛ 'vɛjɕtɕɛ?]
¿Se pueden hacer fotos aquí?	**Czy można tu robić zdjęcia?** [tʃɨ 'mɔʒna tu 'rɔbʲitɕ 'zdjɛntɕa?]
¿Está abierto?	**Czy jest otwarte?** [tʃɨ 'jɛst ɔ'tfartɛ?]

¿A qué hora abren?

Od której jest czynne?
[ɔt 'kturɛj 'jɛst 'ʧinnɛ?]

¿A qué hora cierran?

Do której jest czynne?
[dɔ 'kturɛj 'jɛst 'ʧinnɛ?]

Dinero

dinero	**pieniądze** [pʲɛ'ɲiɔndzɛ]
efectivo	**gotówka** [gɔ'tufka]
billetes	**pieniądze papierowe** [pʲɛ'ɲiɔndzɛ papʲɛ'rɔvɛ]
monedas	**drobne** ['drɔbnɛ]
la cuenta | el cambio | la propina	**rachunek | drobne | napiwek** [ra'xunɛk | 'drɔbnɛ | na'pʲivɛk]

la tarjeta de crédito	**karta kredytowa** ['karta krɛdɨ'tɔva]
la cartera	**portfel** ['pɔrtfɛl]
comprar	**kupować** [ku'pɔvatɕ]
pagar	**płacić** ['pwatɕitɕ]
la multa	**grzywna** ['gʒivna]
gratis	**darmowy** [da'rmɔvi]

¿Dónde puedo comprar ...?	**Gdzie mogę kupić ...?** [gdʑɛ 'mɔgɛ 'kupʲitɕ ...?]
¿Está el banco abierto ahora?	**Czy bank jest teraz otwarty?** [ʈʂɨ 'bank 'jɛst 'tɛraz ɔ'tfarti?]
¿A qué hora abre?	**Od której jest czynny?** [ɔt 'kturɛj 'jɛst 'ʈʂɨnni?]
¿A qué hora cierra?	**Do której jest czynny?** [dɔ 'kturɛj 'jɛst 'ʈʂɨnni?]

¿Cuánto cuesta?	**Ile kosztuje?** ['ilɛ kɔ'ʃtujɛ?]
¿Cuánto cuesta esto?	**Ile to kosztuje?** ['ilɛ tɔ kɔ'ʃtujɛ?]
Es muy caro.	**To za drogo.** [tɔ za 'drɔgɔ]

Perdone, ¿dónde está la caja?	**Przepraszam, gdzie mogę zapłacić?** [pʃɛ'praʃam, gdʑɛ 'mɔgɛ za'pwatɕitɕ?]
La cuenta, por favor.	**Rachunek proszę.** [ra'xunɛk 'prɔʃɛ]

¿Puedo pagar con tarjeta?

Czy mogę zapłacić kartą?
[ʧi ˈmɔgɛ zaˈpwatɕitɕ ˈkartɔ̃?]

¿Hay un cajero por aquí?

Czy jest tu gdzieś bankomat?
[ʧi ˈjɛst tu gdʑeɕ bankɔˈmat?]

Busco un cajero automático.

Szukam bankomatu.
[ˈʃukam bankɔˈmatu]

Busco una oficina de cambio.

Szukam kantoru wymiany walut.
[ˈʃukam kaˈntɔru viˈmʲani ˈvalut]

Quisiera cambiar ...

Chciałbym /Chciałabym/ wymienić ...
[ˈxtɕawbim /xtɕaˈwabim/ viˈmʲɛɲitɕ ...]

¿Cuál es el tipo de cambio?

Jaki jest kurs?
[ˈjakʲi ˈjɛst ˈkurs?]

¿Necesita mi pasaporte?

Czy potrzebuje pan /pani/ mój paszport?
[ʧi pɔʧɛˈbujɛ pan /ˈpaɲi/ muj ˈpaʃpɔrt?]

Tiempo

¿Qué hora es?	**Która godzina?** ['ktura gɔ'dʑina?]
¿Cuándo?	**Kiedy?** ['kʲɛdi?]
¿A qué hora?	**O której godzinie?** [ɔ 'kturɛj gɔ'dʑiɲɛ?]
ahora | luego | después de ...	**teraz | później | po ...** ['tɛraz | 'puʑɲɛj | pɔ ...]

la una	**godzina pierwsza** [gɔ'dʑina 'pʲɛrʃʃa]
la una y cuarto	**pierwsza piętnaście** ['pʲɛrʃʃa pʲiɛ'ntnaɕtɕɛ]
la una y medio	**pierwsza trzydzieści** ['pʲɛrʃʃa tʃɨ'dʑɛɕtɕi]
las dos menos cuarto	**za piętnaście druga** [za pʲiɛ'ntnaɕtɕɛ 'druga]

una | dos | tres	**pierwsza | druga | trzecia** ['pʲɛrʃʃa | 'druga | 'tʃɛtɕa]
cuatro | cinco | seis	**czwarta | piąta | szósta** ['tʃfarta | 'pʲiɔnta | 'ʃusta]
siete | ocho | nueve	**siódma | ósma | dziewiąta** ['ɕudma | 'usma | dʑɛ'vʲiɔnta]
diez | once | doce	**dziesiąta | jedenasta | dwunasta** [dʑɛ'ɕiɔnta | jɛdɛ'nasta | dvu'nasta]

en ...	**za ...** [za ...]
cinco minutos	**pięć minut** ['pʲiɛntɕ 'mʲinut]
diez minutos	**dziesięć minut** ['dʑɛɕiɛntɕ 'mʲinut]
quince minutos	**piętnaście minut** [pʲiɛ'ntnaɕtɕɛ 'mʲinut]
veinte minutos	**dwadzieścia minut** [dva'dʑɛɕtɕa 'mʲinut]

media hora	**pół godziny** ['puw gɔ'dʑini]
una hora	**godzinę** [gɔ'dʑinɛ]
por la mañana	**rano** ['ranɔ]

por la mañana temprano	**wcześnie rano** ['fʧɛɕɲɛ 'ranɔ]
esta mañana	**tego ranka** ['tɛgɔ 'ranka]
mañana por la mañana	**jutro rano** ['jutrɔ 'ranɔ]

al mediodía	**w południe** [f pɔ'wudɲɛ]
por la tarde	**po południu** [pɔ pɔ'wudɲu]
por la noche	**wieczorem** [vʲɛ'ʧɔrɛm]
esta noche	**dziś wieczorem** ['dʑiɕ vʲɛ'ʧɔrɛm]

por la noche	**w nocy** [f 'nɔtsɨ]
ayer	**wczoraj** ['fʧɔraj]
hoy	**dzisiaj** ['dʑiɕaj]
mañana	**jutro** ['jutrɔ]
pasado mañana	**pojutrze** [pɔ'jutʃɛ]

¿Qué día es hoy?	**Jaki jest dzisiaj dzień?** ['jakʲi 'jɛst 'dʑiɕaj 'dʑɛɲ?]
Es ...	**Jest ...** ['jɛst ...]
lunes	**poniedziałek** [pɔɲɛ'dʑawɛk]
martes	**wtorek** ['ftɔrɛk]
miércoles	**środa** ['ɕrɔda]

jueves	**czwartek** ['ʧvartɛk]
viernes	**piątek** ['pʲiɔntɛk]
sábado	**sobota** [sɔ'bɔta]
domingo	**niedziela** [ɲɛ'dʑɛla]

Saludos. Presentaciones.

Hola.	**Witam.** ['vʲitam]
Encantado /Encantada/ de conocerle.	**Miło mi pana /panią/ poznać.** ['mʲiwɔ mʲi 'pana /'paɲiɔ̃/ 'pɔznatɕ]
Yo también.	**Mi również.** [mʲi 'ruvɲɛʒ]
Le presento a …	**Chciałbym żeby pan poznał /pani poznała/ …** ['xtɕawbim 'ʒɛbɨ pan 'pɔznaw /'paɲi pɔ'znawa/ …]
Encantado.	**Miło pana /panią/ poznać.** ['mʲiwɔ 'pana /'paɲiɔ̃/ 'pɔznatɕ]

¿Cómo está?	**Jak się pan /pani/ miewa?** ['jak ɕiɛ pan /'paɲi/ 'mʲɛva?]
Me llamo …	**Mam na imię …** [mam na 'imʲiɛ …]
Se llama …	**On ma na imię …** ['ɔn ma na 'imʲiɛ …]
Se llama …	**Ona ma na imię …** ['ɔna ma na 'imʲiɛ …]
¿Cómo se llama (usted)?	**Jak pan /pani/ ma na imię?** ['jak pan /'paɲi/ ma na 'imʲiɛ?]
¿Cómo se llama (él)?	**Jak on ma na imię?** ['jak 'ɔn ma na 'imʲiɛ?]
¿Cómo se llama (ella)?	**Jak ona ma na imię?** ['jak 'ɔna ma na 'imʲiɛ?]

¿Cuál es su apellido?	**Jak pan /pani/ się nazywa?** ['jak pan /'paɲi/ ɕiɛ na'ziva?]
Puede llamarme …	**Może się pan /pani/ do mnie zwracać …** ['mɔʒɛ ɕiɛ pa'n /paɲi/ dɔ 'mɲɛ 'zvratsatɕ …]
¿De dónde es usted?	**Skąd pan /pani/ jest?** ['skɔnt pan /'paɲi/ 'jɛst?]
Yo soy de ….	**Pochodzę z …** [pɔ'xɔdzɛ s …]
¿A qué se dedica?	**Czym się pan /pani/ zajmuje?** ['tʃim ɕiɛ pan /'paɲi/ zaj'mujɛ?]
¿Quién es?	**Kto to jest?** [ktɔ tɔ 'jɛst?]
¿Quién es él?	**Kim on jest?** ['kʲim 'ɔn 'jɛst?]

¿Quién es ella?	**Kim ona jest?**
	[ˈkʲim ˈɔna ˈjɛst?]
¿Quiénes son?	**Kim oni są?**
	[ˈkʲim ˈɔɲi sɔ̃?]

Este es …	**To jest …**
	[tɔ ˈjɛst …]
mi amigo	**mój przyjaciel**
	[muj pʃiˈjatɕɛl]
mi amiga	**moja przyjaciółka**
	[ˈmɔja pʃijaˈtɕuwka]
mi marido	**mój mąż**
	[muj ˈmɔ̃ʒ]
mi mujer	**moja żona**
	[ˈmɔja ˈʒɔna]

mi padre	**mój ojciec**
	[muj ˈɔjtɕɛts]
mi madre	**moja matka**
	[ˈmɔja ˈmatka]
mi hermano	**mój brat**
	[muj ˈbrat]
mi hermana	**moja siostra**
	[ˈmɔja ˈɕɔstra]
mi hijo	**mój syn**
	[muj ˈsin]
mi hija	**moja córka**
	[ˈmɔja ˈtsurka]

Este es nuestro hijo.	**To jest nasz syn.**
	[tɔ ˈjɛst ˈnaʃ ˈsin]
Esta es nuestra hija.	**To jest nasza córka.**
	[tɔ ˈjɛst ˈnaʃa ˈtsurka]
Estos son mis hijos.	**To moje dzieci.**
	[tɔ ˈmɔjɛ ˈdʑɛtɕi]
Estos son nuestros hijos.	**To nasze dzieci.**
	[tɔ ˈnaʃɛ ˈdʑɛtɕi]

Despedidas

¡Adiós!	**Do widzenia!** [dɔ vʲi'dzɛɲa!]
¡Chau!	**Cześć!** ['tʃɛɕtɕ!]
Hasta mañana.	**Do zobaczenia jutro.** [dɔ zɔba'tʃɛɲa 'jutrɔ]
Hasta pronto.	**Na razie.** [na 'raʑɛ]
Te veo a las siete.	**Do zobaczenia o siódmej.** [dɔ zɔba'tʃɛɲa ɔ 'ɕudmɛj]

¡Que se diviertan!	**Bawcie się dobrze!** ['baftɕɛ ɕiɛ 'dɔbʒɛ!]
Hablamos más tarde.	**Do usłyszenia.** [dɔ uswʲi'ʃɛɲa]
Que tengas un buen fin de semana.	**Miłego weekendu.** [mʲi'wɛgɔ vɛɛ'kɛndu]
Buenas noches.	**Dobranoc.** [dɔ'branɔts]

Es hora de irme.	**Czas na mnie.** [tʃas na 'mɲɛ]
Tengo que irme.	**Muszę iść.** ['muʃɛ 'iɕtɕ]
Ahora vuelvo.	**Wracam za chwilę.** ['vratsam za 'xvʲilɛ]

Es tarde.	**Późno już.** ['puʑnɔ 'juʒ]
Tengo que levantarme temprano.	**Muszę wstać wcześnie.** ['muʃɛ 'fstatɕ 'ftʃɛɕɲɛ]
Me voy mañana.	**Wyjeżdżam jutro.** [vʲi'jɛʒdʒam 'jutrɔ]
Nos vamos mañana.	**Wyjeżdżamy jutro.** [vʲijɛʒ'dʒamɨ 'jutrɔ]

¡Que tenga un buen viaje!	**Miłej podróży!** ['mʲiwɛj pɔ'druʑi!]
Ha sido un placer.	**Miło było pana /panią/ poznać.** ['mʲiwɔ 'biwɔ 'pana /'paɲiɔ̃/ 'pɔznatɕ]
Fue un placer hablar con usted.	**Miło się rozmawiało.** ['mʲiwɔ ɕiɛ rɔzma'vʲawɔ]
Gracias por todo.	**Dziękuję za wszystko.** [dʑiɛɲ'kujɛ za 'fʃistkɔ]

Lo he pasado muy bien.	**Dobrze się bawiłem /bawiłam/.**
	['dɔbʒɛ ɕiɛ ba'vʲiwɛm /ba'vʲiwam/]
Lo pasamos muy bien.	**Dobrze się bawiliśmy.**
	['dɔbʒɛ ɕiɛ bavʲi'ʎiɕmɨ]
Fue genial.	**Było naprawdę świetne.**
	['bɨwɔ na'pravdɛ 'ɕvʲɛtnɛ]
Le voy a echar de menos.	**Będę tęsknić.**
	['bɛndɛ 'tɛ̃skɲitɕ]
Le vamos a echar de menos.	**Będziemy tęsknić.**
	[bɛ'ndʑɛmɨ 'tɛ̃skɲitɕ]

¡Suerte!	**Powodzenia!**
	[pɔvɔ'dzɛɲa!]
Saludos a ...	**Pozdrów ...**
	['pɔzdruf ...]

Idioma extranjero

No entiendo.	**Nie rozumiem.**
	[ɲɛ rɔ'zumʲɛm]
Escríbalo, por favor.	**Czy może pan /pani/ to napisać?**
	[tʃi 'mɔʒɛ pan /'paɲi/ tɔ na'pʲisatɕ?]
¿Habla usted ...?	**Czy mówi pan /pani/ po ...?**
	[tʃi 'muvʲi pan /'paɲi/ pɔ ...?]

Hablo un poco de ...	**Mówię troszkę po ...**
	['muvʲiɛ 'trɔʃkɛ pɔ ...]
inglés	**angielsku**
	[a'ngʲɛlsku]
turco	**turecku**
	[tu'rɛtsku]
árabe	**arabsku**
	[a'rapsku]
francés	**francusku**
	[fran'tsusku]

alemán	**niemiecku**
	[ɲɛ'mʲɛtsku]
italiano	**włosku**
	['vwɔsku]
español	**hiszpańsku**
	[xi'ʃpaɲsku]
portugués	**portugalsku**
	[pɔrtu'galsku]
chino	**chińsku**
	['xiɲsku]
japonés	**japońsku**
	[ja'pɔɲsku]

¿Puede repetirlo, por favor?	**Czy może pan /pani/ powtórzyć?**
	[tʃi 'mɔʒɛ pan /'paɲi/ pɔ'ftuʒitɕ?]
Lo entiendo.	**Rozumiem.**
	[rɔ'zumʲɛm]
No entiendo.	**Nie rozumiem.**
	[ɲɛ rɔ'zumʲɛm]
Hable más despacio, por favor.	**Proszę mówić wolniej.**
	['prɔʃɛ 'muvʲitɕ 'vɔlɲɛj]

¿Está bien?	**Czy jest poprawne?**
	[tʃi 'jɛst pɔ'pravnɛ?]
¿Qué es esto? (¿Que significa esto?)	**Co to znaczy?**
	['tsɔ tɔ 'znatʃi?]

Disculpas

Perdone, por favor.   **Przepraszam.**
[pʃɛ'praʃam]

Lo siento.   **Przepraszam.**
[pʃɛ'praʃam]

Lo siento mucho.   **Bardzo przepraszam.**
['bardzɔ pʃɛ'praʃam]

Perdón, fue culpa mía.   **Przepraszam, to moja wina.**
[pʃɛ'praʃam, tɔ 'mɔja 'vʲina]

Culpa mía.   **Mój błąd.**
[muj 'bwɔnt]

¿Puedo ...?   **Czy mogę ...?**
[tʃɨ 'mɔgɛ ...?]

¿Le molesta si ...?   **Czy ma pan /pani/
coś przeciwko gdybym ...?**
[tʃɨ ma pan /'paɲi/
'tsɔɕ pʃɛ'tɕifkɔ 'gdibɨm ...?]

¡No hay problema! (No pasa nada.)   **Nic się nie stało.**
['ɲits ɕiɛ ɲɛ 'stawɔ]

Todo está bien.   **Wszystko w porządku.**
['fʃistkɔ f pɔ'ʒɔntku]

No se preocupe.   **Nic nie szkodzi.**
['ɲits ɲɛ 'ʃkɔdʑi]

Acuerdos

Sí.	**Tak.** [tak]
Sí, claro.	**Tak, oczywiście.** [tak, ɔtʃi'vʲiɕtɕɛ]
Bien.	**Dobrze!** ['dɔbʒɛ!]
Muy bien.	**Bardzo dobrze.** ['bardzɔ 'dɔbʒɛ]
¡Claro que sí!	**Oczywiście!** [ɔtʃi'vʲiɕtɕɛ!]
Estoy de acuerdo.	**Zgadzam się.** ['zgadzam ɕɛ]

Es verdad.	**Dokładnie tak.** [dɔ'kwadɲɛ 'tak]
Es correcto.	**Zgadza się.** ['zgadza ɕɛ]
Tiene razón.	**Ma pan /pani/ rację.** [ma pan /'paɲi/ 'ratsjɛ]
No me molesta.	**Nie mam nic przeciwko.** [ɲɛ 'mam 'ɲits pʃɛ'tɕifkɔ]
Es completamente cierto.	**Bardzo poprawnie.** ['bardzɔ pɔ'pravɲɛ]

Es posible.	**To możliwe.** [tɔ mɔ'ʒʎivɛ]
Es una buena idea.	**To dobry pomysł.** [tɔ 'dɔbri 'pɔmis]
No puedo decir que no.	**Nie mogę odmówić.** [ɲɛ 'mɔgɛ ɔ'dmuvʲitɕ]
Estaré encantado /encantada/.	**Z radością.** [z ra'dɔɕtɕiɔ̃]
Será un placer.	**Z przyjemnością.** [s pʃijɛ'mnɔɕtɕiɔ̃]

Rechazo. Expresar duda

No.
Nie.
[ɲɛ]

Claro que no.
Z pewnością nie.
[s pɛ'vnɔɕtɕiɔ̃ 'ɲɛ]

No estoy de acuerdo.
Nie zgadzam się.
[ɲɛ 'zgadzam ɕiɛ]

No lo creo.
Nie wydaje mi się.
[ɲɛ vi'dajɛ mʲi ɕiɛ]

No es verdad.
To nie prawda.
[tɔ ɲɛ 'pravda]

No tiene razón.
Nie ma pan /pani/ racji.
[ɲɛ ma pan /'paɲi/ 'ratsji]

Creo que no tiene razón.
Myślę że nie ma pan /pani/ racji.
['miɕlɛ 'ʒɛ ɲɛ ma pan /'paɲi/ 'ratsji]

No estoy seguro /segura/.
Nie jestem pewien /pewna/.
[ɲɛ 'jɛstɛm 'pɛvʲɛn /'pɛvna/]

No es posible.
To niemożliwe.
[tɔ ɲɛmɔ'ʒʎivɛ]

¡Nada de eso!
Nic podobnego!
['ɲits pɔdɔ'bnɛgɔ!]

Justo lo contrario.
Dokładnie odwrotnie.
[dɔ'kwadɲɛ ɔ'dvrɔtɲɛ]

Estoy en contra de ello.
Nie zgadzam się.
[ɲɛ 'zgadzam ɕiɛ]

No me importa. (Me da igual.)
Wszystko mi jedno.
['fʃistkɔ mʲi 'jɛdnɔ]

No tengo ni idea.
Nie mam pojęcia.
[ɲɛ 'mam pɔ'jɛntɕa]

Dudo que sea así.
Wątpię w to.
['vɔntpʲiɛ f 'tɔ]

Lo siento, no puedo.
Przepraszam, nie mogę.
[pʃɛ'praʃam, ɲɛ 'mɔgɛ]

Lo siento, no quiero.
Przepraszam, nie chcę.
[pʃɛ'praʃam, ɲɛ 'xtsɛ]

Gracias, pero no lo necesito.
Dziękuję, ale nie potrzebuję tego.
[dʑiɛ̃'kujɛ, 'alɛ ɲɛ pɔtʃɛ'bujɛ 'tɛgɔ]

Ya es tarde.
Robi się późno.
['rɔbʲi ɕiɛ 'puʒnɔ]

Tengo que levantarme temprano.

Muszę wstać wcześnie.
['muʃɛ 'fstatɕ 'ftʃɛɕɲɛ]

Me encuentro mal.

Źle się czuję.
[ʑlɛ ɕɛ 'tʃujɛ]

Expresar gratitud

Gracias. | **Dziękuję.**
[dʑiɛŋ'kujɛ]

Muchas gracias. | **Dziękuję bardzo.**
[dʑiɛŋ'kujɛ 'bardzɔ]

De verdad lo aprecio. | **Naprawdę to doceniam.**
[na'pravdɛ tɔ dɔ'tsɛɲam]

Se lo agradezco. | **Jestem naprawdę wdzięczny /wdzięczna/.**
['jɛstɛm na'pravdɛ 'vdʑiɛntʃnɨ /'vdʑiɛntʃna/]

Se lo agradecemos. | **Jesteśmy naprawdę wdzięczni.**
[jɛs'tɛɕmɨ na'pravdɛ 'vdʑiɛntʃɲi]

Gracias por su tiempo. | **Dziękuję za poświęcony czas.**
[dʑiɛŋ'kujɛ za pɔɕvʲiɛn'tsɔnɨ 'tʃas]

Gracias por todo. | **Dziękuję za wszystko.**
[dʑiɛŋ'kujɛ za 'fʃistkɔ]

Gracias por ... | **Dziękuję za ...**
[dʑiɛŋ'kujɛ za ...]

su ayuda | **pańską pomoc**
['paɲskɔ̃ 'pomɔts]

tan agradable momento | **miłe chwile**
['mʲiwɛ 'xvʲilɛ]

una comida estupenda | **doskonałą potrawę**
[dɔskɔ'nawɔ̃ pɔ'travɛ]

una velada tan agradable | **miły wieczór**
['mʲiwɨ 'vʲetʃur]

un día maravilloso | **wspaniały dzień**
[fspa'ɲawɨ 'dʑɛɲ]

un viaje increíble | **miła podróż**
['mʲiwa 'pɔdruʒ]

No hay de qué. | **Nie ma za co.**
[ɲɛ ma za 'tsɔ]

De nada. | **Proszę.**
['prɔʃɛ]

Siempre a su disposición. | **Zawsze do usług.**
['zafʃɛ dɔ 'uswuk]

Encantado /Encantada/ de ayudarle. | **Cała przyjemność po mojej stronie.**
[tsawa pʃɨ'jɛmnɔɕtɕ pɔ 'mɔjɛj 'strɔɲɛ]

No hay de qué.

Nie ma o czy mówić.
[ɲɛ ma ɔ ʧi 'muvʲiʨ]

No tiene importancia.

Nic nie szkodzi.
['ɲits ɲɛ 'ʃkɔdʑi]

Felicitaciones , Mejores Deseos

¡Felicidades!	**Gratulacje!** [gratu'latsjɛ!]
¡Feliz Cumpleaños!	**Wszystkiego najlepszego z okazji urodzin!** [fʃɨ'stkʲɛgɔ najlɛ'pʃɛgɔ z ɔ'kazji u'rɔdʑin!]
¡Feliz Navidad!	**Wesołych Świąt!** [vɛ'sɔwix 'ɕvʲiɔnt!]
¡Feliz Año Nuevo!	**Szczęśliwego Nowego Roku!** [ʃtʃɛɕʎi'vɛgɔ nɔ'vɛgɔ 'rɔku!]

¡Felices Pascuas!	**Wesołych Świąt Wielkanocnych!** [vɛ'sɔwix 'ɕvʲiɔnt vʲɛlka'nɔtsnix!]
¡Feliz Hanukkah!	**Szczęśliwego Chanuka!** [ʃtʃɛɕʎi'vɛgɔ 'xanuka!]

Quiero brindar.	**Chciałbym wznieść toast.** ['xtɕawbɨm 'vzɲɛɕtɕ 'tɔast]
¡Salud!	**Na zdrowie!** [na 'zdrɔvʲɛ!]
¡Brindemos por ...!	**Wypijmy za ...!** [vɨ'pʲijmɨ za ...!]
¡A nuestro éxito!	**Za naszą pomyślność!** [za 'naʃɔ pɔ'mɨɕlnɔɕtɕ!]
¡A su éxito!	**Za Państwa pomyślność!** [za 'paɲstfa pɔ'mɨɕlnɔɕtɕ!]

¡Suerte!	**Powodzenia!** [pɔvɔ'dzɛɲa!]
¡Que tenga un buen día!	**Miłego dnia!** ['mʲiwɛgɔ 'dɲa!]
¡Que tenga unas buenas vacaciones!	**Miłych wakacji!** ['mʲiwix va'katsji!]
¡Que tenga un buen viaje!	**Bezpiecznej podróży!** [bɛ'spʲɛtʃnɛj pɔ'druʒi!]
¡Espero que se recupere pronto!	**Szybkiego powrotu do zdrowia!** [ʃɨ'pkʲɛgɔ pɔ'vrɔtu dɔ 'zdrɔvʲa!]

Socializarse

¿Por qué está triste?	**Dlaczego jest pani smutna?** [dla'tʃɛgɔ 'jɛst 'paɲi 'smutna?]
¡Sonría! ¡Anímese!	**Proszę się uśmiechnąć,** **głowa do góry!** ['prɔʃɛ ɕɛ u'ɕmʲɛxnɔntɕ, 'gwɔva dɔ 'gurɨ]
¿Está libre esta noche?	**Czy ma pani czas dzisiaj wieczorem?** [tʃɨ ma 'paɲi 'tʃaz 'dʑiɕaj vʲɛ'tʃɔrɛm?]

¿Puedo ofrecerle algo de beber?	**Czy mogę zaproponować pani drinka?** [tʃɨ 'mɔgɛ zaprɔpɔ'nɔvatɕ 'paɲi 'drinka?]
¿Querría bailar conmigo?	**Czy mogę prosić do tańca?** [tʃɨ 'mɔgɛ 'prɔɕitɕ dɔ 'taɲtsa?]
Vamos a ir al cine.	**Może pójdziemy do kina?** ['mɔʒɛ pu'jdʑɛmɨ dɔ 'kʲina?]

¿Puedo invitarle a …?	**Czy mogę zaprosić pani …?** [tʃɨ 'mɔgɛ za'prɔɕitɕ 'paɲi …?]
un restaurante	**do restauracji** [dɔ rɛsta'wratsji]
el cine	**do kina** [dɔ 'kʲina]
el teatro	**do teatru** [dɔ tɛ'atru]
dar una vuelta	**na spacer** [na 'spatsɛr]

¿A qué hora?	**O której godzinie?** [ɔ 'kturɛj gɔ'dʑiɲɛ?]
esta noche	**dziś wieczorem** ['dʑiɕ vʲɛ'tʃɔrɛm]
a las seis	**o szóstej** [ɔ 'ʃustɛj]
a las siete	**o siódmej** [ɔ 'ɕudmɛj]
a las ocho	**o ósmej** [ɔ 'usmɛj]
a las nueve	**o dziewiątej** [ɔ dʑɛ'vʲiɔntɛj]

¿Le gusta este lugar?	**Czy podoba się panu /pani/ tutaj?** [tʃɨ pɔ'dɔba ɕɛ 'panu /'paɲi/ 'tutaj?]
¿Está aquí con alguien?	**Czy jest tu pani z kimś?** [tʃɨ 'jɛst tu 'paɲi s 'kʲimɕ?]

Estoy con mi amigo /amiga/.

Jestem z przyjacielem /przyjaciółką/.
['jɛstɛm s pʃija'tɕɛlɛm /pʃija'tɕuwkɔ̃/]

Estoy con amigos.

Jestem z przyjaciółmi.
['jɛstɛm s pʃija'tɕuwmʲi]

No, estoy solo /sola/.

Nie, jestem sam /sama/.
[ɲɛ, 'jɛstɛm 'sam /'sama/]

¿Tienes novio?

Czy masz chłopaka?
[tʃi 'maʃ xwɔ'paka?]

Tengo novio.

Mam chłopaka.
[mam xwɔ'paka]

¿Tienes novia?

Czy masz dziewczynę?
[tʃi 'maʃ dʑɛ'ftʃinɛ?]

Tengo novia.

Mam dziewczynę.
[mam dʑɛ'ftʃinɛ]

¿Te puedo volver a ver?

Czy mogę cię jeszcze zobaczyć?
[tʃi 'mɔgɛ tɕiɛ 'jɛʃtʃɛ zɔ'batʃitɕ?]

¿Te puedo llamar?

Czy mogę do ciebie zadzwonić?
[tʃi 'mɔgɛ dɔ 'tɕɛbʲɛ za'dzvɔɲitɕ?]

Llámame.

Zadzwoń do mnie.
['zadzvɔɲ dɔ 'mɲɛ]

¿Cuál es tu número?

Jaki masz numer?
['jakʲi 'maʃ 'numɛr?]

Te echo de menos.

Tęsknię za Tobą.
['tɛ̃skɲiɛ za 'tɔbɔ̃]

¡Qué nombre tan bonito!

Ma pan /pani/ piękne imię.
[ma pan /'paɲi/ 'pʲiɛŋknɛ 'imʲiɛ]

Te quiero.

Kocham cię.
['kɔxam tɕiɛ]

¿Te casarías conmigo?

Czy wyjdziesz za mnie?
[tʃi 'vijdʑɛʃ za 'mɲɛ?]

¡Está de broma!

Żartuje pan /pani/!
[ʒar'tujɛ pan /'paɲi/!]

Sólo estoy bromeando.

Żartuję.
[ʒar'tujɛ]

¿En serio?

Czy mówi pan /pani/ poważnie?
[tʃi 'muvʲi pan /'paɲi/ pɔ'vaʒɲɛ?]

Lo digo en serio.

Mówię poważnie.
['muvʲiɛ pɔ'vaʒɲɛ]

¿De verdad?

Naprawdę?!
[na'pravdɛ?!]

¡Es increíble!

To niemożliwe!
[tɔ ɲɛmɔ'ʒʎivɛ!]

No le creo.

Nie wierzę.
[ɲɛ 'vʲɛʒɛ]

No puedo.

Nie mogę.
[ɲɛ 'mɔgɛ]

No lo sé.

Nie wiem.
[ɲɛ 'vʲɛm]

No le entiendo.

Nie rozumiem.
[nɛ rɔ'zumiɛm]

Váyase, por favor.

Proszę odejść.
['prɔʃɛ 'ɔdɛjɕtɕ]

¡Déjeme en paz!

Proszę zostawić mnie w spokoju!
['prɔʃɛ zɔ'staviitɕ 'mɲɛ f spɔ'kɔju!]

Es inaguantable.

Nie znoszę go.
[nɛ 'znɔʃɛ 'gɔ]

¡Es un asqueroso!

Jest pan obrzydliwy!
['jɛst pan ɔbʒɨ'dʎivi!]

¡Llamaré a la policía!

Zadzwonię po policję!
[za'dzvɔɲiɛ pɔ pɔ'ʎitsjɛ!]

Compartir impresiones. Emociones

Me gusta.	**Podoba mi się to.** [pɔ'dɔba mʲi ɕiɛ 'tɔ]
Muy lindo.	**Bardzo ładne.** ['bardzɔ 'wadnɛ]
¡Es genial!	**Wspaniale!** [fspa'ɲalɛ!]
No está mal.	**Nieźle.** ['ɲɛʑlɛ]

No me gusta.	**Nie podoba mi się to.** [ɲɛ pɔ'dɔba mʲi ɕiɛ 'tɔ]
No está bien.	**Nieładnie.** [ɲɛ'wadɲɛ]
Está mal.	**To jest złe.** [tɔ 'jɛsd 'zwɛ]
Está muy mal.	**To bardzo złe.** [tɔ 'bardzɔ 'zwɛ]
¡Qué asco!	**To obrzydliwe.** [tɔ ɔbʒi'dʎivɛ]

Estoy feliz.	**Jestem szczęśliwy /szczęśliwa/.** ['jɛstɛm ʃʧɛ'ɕʎivi /ʃʧɛ'ɕʎiva/]
Estoy contento /contenta/.	**Jestem zadowolony /zadowolona/.** ['jɛstɛm zadɔvɔ'lɔnɨ /zadɔvɔ'lɔna/]
Estoy enamorado /enamorada/.	**Jestem zakochany /zakochana/.** ['jɛstɛm zakɔ'xanɨ /zakɔ'xana/]
Estoy tranquilo.	**Jestem spokojny /spokojna/.** ['jɛstɛm spɔ'kɔjnɨ /spɔ'kɔjna/]
Estoy aburrido.	**Jestem znudzony /znudzona/.** ['jɛstɛm znu'dzɔnɨ /znu'dzɔna/]

Estoy cansado /cansada/.	**Jestem zmęczony /zmęczona/.** ['jɛstɛm zmɛ'nʧɔnɨ /zmɛ'nʧɔna/]
Estoy triste.	**Jestem smutny /smutna/.** ['jɛstɛm 'smutnɨ /'smutna/]
Estoy asustado.	**Jestem przestraszony /przestraszona/.** ['jɛstɛm pʃɛstra'ʃɔnɨ /pʃɛstra'ʃɔna/]
Estoy enfadado /enfadada/.	**Jestem zły /zła/.** ['jɛstɛm 'zwɨ /'zwa/]
Estoy nervioso /nerviosa/.	**Jestem zdenerwowany /zdenerwowana/.** ['jɛstɛm zdɛnɛrvɔ'vanɨ /zdɛnɛrvɔ'vana/]

Estoy preocupado /preocupada/.

Martwię się.
['martfiɛ ɕiɛ]

Estoy celoso /celosa/.

Jestem zazdrosny /zazdrosna/.
['jɛstɛm za'zdrɔsnɨ /za'zdrɔsna/]

Estoy sorprendido /sorprendida/.

Jestem zaskoczony /zaskoczona/.
['jɛstɛm zaskɔ'tʃɔnɨ /zaskɔ'tʃɔna/]

Estoy perplejo /perpleja/.

Jestem zakłopotany /zakłopotana/.
['jɛstɛm zakwɔpɔ'tanɨ /zakwɔpɔ'tana/]

Problemas, Accidentes

Tengo un problema.	**Mam problem.** [mam 'prɔblɛm]
Tenemos un problema.	**Mamy problem.** ['mamɨ 'prɔblɛm]
Estoy perdido /perdida/.	**Zgubiłem /Zgubiłam/ się.** [zgu'bʲiwɛm /zgu'bʲiwam/ ɕiɛ]
Perdí el último autobús (tren).	**Uciekł mi ostatni autobus (pociąg).** ['utɕɛk mʲi ɔ'statɲi aw'tɔbus ('pɔtɕiɔŋk)]
No me queda más dinero.	**Nie mam ani grosza.** [ɲɛ 'mam 'aɲi 'grɔʃa]

He perdido …	**Zgubiłem /Zgubiłam/ …** [zgu'bʲiwɛm /zgu'bʲiwam/ …]
Me han robado …	**Ktoś ukradł …** ['ktɔɕ 'ukrat …]
mi pasaporte	**mój paszport** [muj 'paʃpɔrt]
mi cartera	**mój portfel** [muj 'pɔrtfɛl]
mis papeles	**moje dokumenty** ['mɔjɛ dɔku'mɛnti]
mi billete	**mój bilet** [muj 'bʲilɛt]

mi dinero	**moje pieniądze** ['mɔjɛ pʲɛ'ɲiɔndzɛ]
mi bolso	**moje torebkę** ['mɔjɛ tɔ'rɛpkɛ]
mi cámara	**mój aparat fotograficzny** [muj a'parat fɔtɔgra'fitʃni]
mi portátil	**mój laptop** [muj 'laptɔp]
mi tableta	**mój tablet** [muj 'tablɛt]
mi teléfono	**mój telefon** [muj tɛ'lefɔn]

¡Ayúdeme!	**Pomocy!** [pɔ'mɔtsɨ!]
¿Qué pasó?	**Co się stało?** ['tsɔ ɕiɛ 'stawɔ?]
el incendio	**pożar** ['pɔʒar]

un tiroteo	**strzał** ['stʃaw]
el asesinato	**morderca** [mɔ'rdɛrtsa]
una explosión	**wybuch** ['vibux]
una pelea	**bójka** ['bujka]

¡Llame a la policía!	**Proszę zadzwonić na policję!** ['prɔʃɛ za'dzvɔɲitɕ na pɔ'ʎitsjɛ!]
¡Más rápido, por favor!	**Proszę się pospieszyć!** ['prɔʃɛ ɕiɛ pɔ'spiɛʃitɕ!]
Busco la comisaría.	**Szukam komendy policji.** ['ʃukam kɔ'mɛndi pɔ'ʎitsji]
Tengo que hacer una llamada.	**Muszę zadzwonić.** ['muʃɛ za'dzvɔɲitɕ]
¿Puedo usar su teléfono?	**Czy mogę skorzystać z telefonu?** [tʃi 'mɔgɛ skɔ'ʒistatɕ s tɛle'fɔnu?]

Me han ...	**Zostałem /Zostałam/ ...** [zɔ'stawɛm /zɔ'stawam/ ...]
asaltado /asaltada/	**obrabowany /obrabowana/** [ɔbrabɔ'vani /ɔbrabɔ'vana/]
robado /robada/	**okradziony /okradziona/** [ɔkra'dzɔɲi /ɔkra'dzona/]
violada	**zgwałcona** [zgva'wtsɔna]
atacado /atacada/	**pobity /pobita/** [pɔ'biti /pɔ'biita/]

¿Se encuentra bien?	**Czy wszystko w porządku?** [tʃi 'fʃistkɔ f pɔ'ʒɔntku?]
¿Ha visto quien a sido?	**Czy widział pan /widziała pani/ kto to był?** [tʃi 'viidʑaw pan /viii'dʑawa 'paɲi/ 'kto tɔ 'biw?]
¿Sería capaz de reconocer a la persona?	**Czy może pan /pani/ rozpoznać sprawcę?** [tʃi 'mɔʒɛ pan /'paɲi/ rɔ'spɔznatɕ 'spraftsɛ?]
¿Está usted seguro?	**Jest pan pewny /pani pewna/?** ['jest pan 'pɛvni /'paɲi 'pɛvna/?]

Por favor, cálmese.	**Proszę się uspokoić.** ['prɔʃɛ ɕiɛ uspɔ'kɔitɕ]
¡Cálmese!	**Spokojnie!** [spɔ'kɔjɲɛ!]
¡No se preocupe!	**Proszę się nie martwić!** ['prɔʃɛ ɕiɛ ɲɛ 'martfitɕ!]
Todo irá bien.	**Wszystko będzie dobrze.** [fʃistkɔ 'bɛndʑɛ 'dɔbʒɛ]

Todo está bien.	**Wszystko jest w porządku.** [fʃistkɔ 'jɛsd f pɔ'ʒɔntku]
Venga aquí, por favor.	**Proszę tu podejść.** ['prɔʃɛ tu 'pɔdɛjɕtɕ]
Tengo unas preguntas para usted.	**Mam kilka pytań.** [mam 'kʲiʎka 'pitaɲ]
Espere un momento, por favor.	**Proszę chwilę zaczekać.** ['prɔʃɛ 'xvʲilɛ za'tʃɛkatɕ]

¿Tiene un documento de identidad?	**Czy ma pan /pani/ dowód tożsamości?** [tʃi ma pan /'paɲi/ 'dɔvut tɔʃsa'mɔɕtɕi?]
Gracias. Puede irse ahora.	**Dziękuję. Może pan /pani/ odejść.** [dʑiɛŋ'kujɛ. 'mɔʒɛ pan /'paɲi/ 'ɔdɛjɕtɕ]
¡Manos detrás de la cabeza!	**Ręce za głowę!** ['rɛntsɛ za 'gwɔvɛ!]
¡Está arrestado!	**Jest pan aresztowany /pani aresztowana/!** ['jɛst pan arɛʃtɔ'vani /'paɲi arɛʃtɔ'vana/!]

Problemas de salud

Ayudeme, por favor.	**Proszę mi pomóc.** ['prɔʃɛ mʲi 'pɔmuts]
No me encuentro bien.	**Źle się czuję.** [ʑlɛ ɕiɛ 'tʃujɛ]
Mi marido no se encuentra bien.	**Mój mąż nie czuje się dobrze.** [muj 'mɔ̃ʒ ɲɛ 'tʃujɛ ɕiɛ 'dɔbʒɛ]
Mi hijo ...	**Mój syn ...** [muj 'sɨn ...]
Mi padre ...	**Mój ojciec ...** [muj 'ɔjtɕɛts ...]
Mi mujer no se encuentra bien.	**Moja żona nie czuje się dobrze.** ['mɔja 'ʒɔna ɲɛ 'tʃujɛ ɕiɛ 'dɔbʒɛ]
Mi hija ...	**Moja córka ...** ['mɔja 'tsurka ...]
Mi madre ...	**Moja matka ...** ['mɔja 'matka ...]
Me duele ...	**Boli mnie ...** ['bɔʎi 'mɲɛ ...]
la cabeza	**głowa** ['gwɔva]
la garganta	**gardło** ['gardwɔ]
el estómago	**brzuch** ['bʒux]
un diente	**ząb** ['zɔmp]
Estoy mareado.	**Kręci mi się w głowie.** ['krɛntɕi mʲi ɕiɛ v 'gwɔvʲɛ]
Él tiene fiebre.	**On ma gorączkę.** [ɔn ma gɔ'rɔntʃkɛ]
Ella tiene fiebre.	**Ona ma gorączkę.** ['ɔna ma gɔ'rɔntʃkɛ]
No puedo respirar.	**Nie mogę oddychać.** [ɲɛ 'mɔgɛ ɔ'ddɨxatɕ]
Me ahogo.	**Mam krótki oddech.** [mam 'krutkʲi 'ɔddɛx]
Tengo asma.	**Jestem astmatykiem.** ['jɛstɛm astma'tɨkʲɛm]
Tengo diabetes.	**Jestem diabetykiem.** ['jɛstɛm diabɛ'tɨkʲɛm]

No puedo dormir.

Mam problemy ze snem.
[mam prɔ'blɛmɨ zɛ 'snɛm]

intoxicación alimentaria

Zatrułem się jedzeniem
[za'truwɛm ɕiɛ jɛ'dzɛɲɛm]

Me duele aquí.

Boli mnie tu.
['bɔʎi 'mɲɛ 'tu]

¡Ayúdeme!

Pomocy!
[pɔ'mɔtsɨ!]

¡Estoy aquí!

Jestem tu!
['jɛstɛm 'tu!]

¡Estamos aquí!

Tu jesteśmy!
[tu jɛ'stɛɕmɨ!]

¡Saquenme de aquí!

Wyjmijcie mnie stąd!
[vɨ'jmijtɕɛ 'mɲɛ 'stɔnt!]

Necesito un médico.

Potrzebuję lekarza.
[pɔʧɛ'bujɛ lɛ'kaʒa]

No me puedo mover.

Nie mogę się ruszać.
[ɲɛ 'mɔgɛ ɕiɛ 'ruʃatɕ]

No puedo mover mis piernas.

Nie mogę się ruszać nogami.
[ɲɛ 'mɔgɛ ɕiɛ 'ruʃatɕ nɔ'gamʲi]

Tengo una herida.

Jestem ranny /ranna/.
['jɛstɛm 'rannɨ /'ranna/]

¿Es grave?

Czy to poważne?
[ʧɨ tɔ pɔ'vaʒnɛ?]

Mis documentos están en mi bolsillo.

Moje dokumenty są w kieszeni.
['mɔjɛ dɔku'mɛntɨ 'sɔ̃ f kʲɛ'ʃɛɲi]

¡Cálmese!

Proszę się uspokoić.
['prɔʃɛ ɕiɛ uspɔ'kɔitɕ]

¿Puedo usar su teléfono?

Czy mogę skorzystać z telefonu?
[ʧɨ 'mɔgɛ skɔ'ʒɨstatɕ s tɛlɛ'fɔnu?]

¡Llame a una ambulancia!

Proszę wezwać karetkę!
['prɔʃɛ 'vɛzvatɕ ka'rɛtkɛ!]

¡Es urgente!

To pilne!
[tɔ 'pʲilnɛ!]

¡Es una emergencia!

To nagłe!
[tɔ 'nagwɛ!]

¡Más rápido, por favor!

Proszę się pospieszyć!
['prɔʃɛ ɕiɛ pɔ'spʲɛʃitɕ!]

¿Puede llamar a un médico, por favor?

Czy może pan /pani/ zadzwonić po lekarza?
[ʧɨ 'mɔʒɛ pan /'paɲi/ za'dzvɔɲitɕ pɔ lɛ'kaʒa?]

¿Dónde está el hospital?

Gdzie jest szpital?
[gdzɛ 'jɛst ʃpʲi'tal?]

¿Cómo se siente?

Jak się pan /pani/ czuje?
['jak ɕiɛ pan /'paɲi/ 'ʧujɛ?]

¿Se encuentra bien?

Czy wszystko w porządku?
[ʧɨ 'fʃistkɔ f pɔ'ʒɔntku?]

¿Qué pasó?	**Co się stało?** ['tsɔ ɕiɛ 'stawɔ?]
Me encuentro mejor.	**Czuję się już lepiej.** ['ʧujɛ ɕiɛ 'juʒ 'lɛpʲɛj]
Está bien.	**W porządku.** [f pɔ'ʒɔntku]
Todo está bien.	**Wszystko w porządku.** ['fʃistkɔ f pɔ'ʒɔntku]

En la farmacia

la farmacia	**apteka** [a'ptɛka]
la farmacia 24 horas	**apteka całodobowa** [a'ptɛka tsawɔdɔ'bɔva]
¿Dónde está la farmacia más cercana?	**Gdzie jest najbliższa apteka?** [gdʑɛ 'jɛst najb'ʎiʃʃa a'ptɛka?]

¿Está abierta ahora?	**Czy jest teraz otwarta?** [ʧi 'jɛst 'tɛraz ɔ'tfarta?]
¿A qué hora abre?	**Od której jest czynne?** [ɔt 'kturɛj 'jɛst 'ʧinnɛ?]
¿A qué hora cierra?	**Do której jest czynne?** [dɔ 'kturɛj 'jɛst 'ʧinnɛ?]

¿Está lejos?	**Czy to daleko?** [ʧi tɔ da'lɛkɔ?]
¿Puedo llegar a pie?	**Czy mogę tam dojść pieszo?** [ʧi 'mɔgɛ tam 'dɔjɕtɕ 'pʲɛʃɔ?]
¿Puede mostrarme en el mapa?	**Czy może mi pan /pani/ pokazać na mapie?** [ʧi 'mɔʒɛ mʲi pan /'paɲi/ pɔ'kazatɕ na 'mapʲɛ?]

Por favor, deme algo para …	**Proszę coś na …** ['prɔʃɛ 'tsɔɕ na …]
un dolor de cabeza	**ból głowy** [bul 'gwɔvi]
la tos	**kaszel** ['kaʃɛl]
el resfriado	**przeziębienie** [pʃɛʑiɛm'bʲɛɲɛ]
la gripe	**grypę** ['gripɛ]

la fiebre	**gorączkę** [gɔ'rɔnʧkɛ]
un dolor de estomago	**ból brzucha** [bul 'bʒuxa]
nauseas	**nudności** [nu'dnɔɕtɕi]
la diarrea	**rozwolnienie** [rɔzvɔ'lɲɛɲɛ]
el estreñimiento	**zatwardzenie** [zatfar'dzɛɲɛ]

un dolor de espalda	**ból pleców** [bul 'plɛtsuf]
un dolor de pecho	**ból w klatce piersiowej** [bul f 'klattsɛ pʲɛ'rɕɔvɛj]
el flato	**kolkę** ['kɔʎkɛ]
un dolor abdominal	**ból brzucha** [bul 'bʒuxa]

la píldora	**tabletka** [ta'blɛtka]
la crema	**maść** ['maɕtɕ]
el jarabe	**syrop** ['sirɔp]
el spray	**spray** ['sprai]
las gotas	**drażetki** [dra'ʒɛtkʲi]

Tiene que ir al hospital.	**Musi pan /pani/ iść do szpitala.** ['muɕi pan /'paɲi/ 'iɕtɕ dɔ ʃpʲi'tala]
el seguro de salud	**polisa na życie** [pɔ'ʎisa na 'ʒitɕɛ]
la receta	**recepta** [rɛ'tsɛpta]
el repelente de insectos	**środek na owady** ['ɕrɔdɛk na ɔ'vadi]
la curita	**plaster** ['plastɛr]

Lo más imprescindible

Perdone, ...	**Przepraszam, ...** [pʃɛ'praʃam, ...]
Hola.	**Witam.** ['vʲitam]
Gracias.	**Dziękuję.** [dʑiɛŋ'kujɛ]

Sí.	**Tak.** [tak]
No.	**Nie.** [ɲɛ]
No lo sé.	**Nie wiem.** [ɲɛ 'vʲɛm]
¿Dónde? | ¿A dónde? | ¿Cuándo?	**Gdzie? | Dokąd? | Kiedy?** [gdʑɛ? | 'dɔkɔnt? | 'kʲɛdi?]

Necesito ...	**Potrzebuję ...** [pɔtʃɛ'bujɛ ...]
Quiero ...	**Chcę ...** ['xtsɛ ...]
¿Tiene ...?	**Czy jest ...?** [tʃi 'jɛst ...?]
¿Hay ... por aquí?	**Czy jest tutaj ...?** [tʃi 'jɛst 'tutaj ...?]
¿Puedo ...?	**Czy mogę ...?** [tʃi 'mɔgɛ ...?]
..., por favor? (petición educada)	**..., poproszę** [..., pɔ'prɔʃɛ]

Busco ...	**Szukam ...** ['ʃukam ...]
el servicio	**toalety** [tɔa'lɛti]
un cajero automático	**bankomatu** [bankɔ'matu]
una farmacia	**apteki** [a'ptɛkʲi]
el hospital	**szpitala** [ʃpʲi'tala]

la comisaría	**komendy policji** [kɔ'mɛndɨ pɔ'ʎitsji]
el metro	**metra** ['mɛtra]

un taxi	**taksówki** [ta'ksufkʲi]
la estación de tren	**dworca kolejowego** ['dvɔrtsa kɔlɛjɔ'vɛgɔ]

Me llamo …	**Mam na imię …** [mam na 'imʲiɛ …]
¿Cómo se llama?	**Jak pan /pani/ ma na imię?** ['jak pan /'paɲi/ ma na 'imʲiɛ?]
¿Puede ayudarme, por favor?	**Czy może pan /pani/ mi pomóc?** [ʧɨ 'mɔʒɛ pan /'paɲi/ mʲi 'pɔmuts?]
Tengo un problema.	**Mam problem.** [mam 'prɔblɛm]
Me encuentro mal.	**Źle się czuję.** [zlɛ ɕiɛ 'ʧujɛ]
¡Llame a una ambulancia!	**Proszę wezwać karetkę!** ['prɔʃɛ 'vɛzvaʨ ka'rɛtkɛ!]
¿Puedo llamar, por favor?	**Czy mogę zadzwonić?** [ʧɨ 'mɔgɛ za'dzvɔɲiʨ?]

Lo siento.	**Przepraszam.** [pʃɛ'praʃam]
De nada.	**Proszę bardzo.** ['prɔʃɛ 'bardzɔ]

Yo	**ja** ['ja]
tú	**ty** ['tɨ]
él	**on** [ɔn]
ella	**ona** ['ɔna]
ellos	**oni** ['ɔɲi]
ellas	**one** ['ɔnɛ]
nosotros /nosotras/	**my** ['mɨ]
ustedes, vosotros	**wy** ['vɨ]
usted	**pan /pani/** [pan /'paɲi/]

ENTRADA	**WEJŚCIE** ['vɛjɕʨɛ]
SALIDA	**WYJŚCIE** ['vɨjɕʨɛ]
FUERA DE SERVICIO	**NIECZYNNY** [ɲɛ'ʧɨnni]
CERRADO	**ZAMKNIĘTE** [za'mkɲiɛntɛ]

ABIERTO

PARA SEÑORAS

PARA CABALLEROS

OTWARTE
[ɔ'tfartɛ]

PANIE
['paɲɛ]

PANOWIE
[pa'nɔvʲɛ]

T&P BOOKS

DICCIONARIO CONCISO

Esta sección contiene más
de 1.500 palabras útiles.
El diccionario incluye muchos
términos gastronómicos
y será de gran ayuda para
pedir alimentos en un
restaurante o comprando
comestibles en la tienda

T&P Books Publishing

CONTENIDO
DEL DICCIONARIO

T&P Books Publishing

tiempo (m)	**czas** (m)	[ʧas]
hora (f)	**godzina** (ż)	[gɔ'dʒina]
media hora (f)	**pół godziny**	[puw gɔ'dʒini]
minuto (m)	**minuta** (ż)	[mi'nuta]
segundo (m)	**sekunda** (ż)	[sɛ'kunda]
hoy (adv)	**dzisiaj**	['dʒiɕaj]
mañana (adv)	**jutro**	['jutrɔ]
ayer (adv)	**wczoraj**	['fʧɔraj]
lunes (m)	**poniedziałek** (m)	[pɔne'dʒ!awɛk]
martes (m)	**wtorek** (m)	['ftɔrɛk]
miércoles (m)	**środa** (ż)	['ɕrɔda]
jueves (m)	**czwartek** (m)	['ʧfartɛk]
viernes (m)	**piątek** (m)	[pɔ̃tɛk]
sábado (m)	**sobota** (ż)	[sɔ'bɔta]
domingo (m)	**niedziela** (ż)	[ne'dʒeʎa]
día (m)	**dzień** (m)	[dʒeɲ]
día (m) de trabajo	**dzień** (m) **roboczy**	[dʒeɲ rɔ'bɔʧi]
día (m) de fiesta	**dzień** (m) **świąteczny**	[dʒeɲ ɕfɔ̃'tɛʧni]
fin (m) de semana	**weekend** (m)	[u'ikɛnt]
semana (f)	**tydzień** (m)	['tidʒeɲ]
semana (f) pasada	**w zeszłym tygodniu**	[v 'zɛʃwim ti'gɔdny]
semana (f) que viene	**w następnym tygodniu**	[v nas'tɛpnim ti'gɔdny]
salida (f) del sol	**wschód** (m) **słońca**	[fshut 'swɔɲtsa]
puesta (f) del sol	**zachód** (m)	['zahut]
por la mañana	**rano**	['ranɔ]
por la tarde	**po południu**	[pɔ pɔ'wudny]
por la noche	**wieczorem**	[vet'ʃɔrɛm]
esta noche	**dzisiaj wieczorem**	[dʒiɕaj vet'ʃɔrɛm]
(p.ej. 8:00 p.m.)		
por la noche	**w nocy**	[v 'nɔtsi]
medianoche (f)	**północ** (ż)	['puwnɔts]
enero (m)	**styczeń** (m)	['stiʧɛɲ]
febrero (m)	**luty** (m)	['lyti]
marzo (m)	**marzec** (m)	['maʒɛts]
abril (m)	**kwiecień** (m)	['kfeʧeɲ]
mayo (m)	**maj** (m)	[maj]
junio (m)	**czerwiec** (m)	['ʧɛrvets]
julio (m)	**lipiec** (m)	['lipets]

agosto (m)	sierpień (m)	['ɕerpeɲ]
septiembre (m)	wrzesień (m)	['vʒɛɕeɲ]
octubre (m)	październik (m)	[paʑ'ʥernik]
noviembre (m)	listopad (m)	[lis'tɔpat]
diciembre (m)	grudzień (m)	['gruʥeɲ]

en primavera	wiosną	['vɔsnɔ̃]
en verano	latem	['ʎatɛm]
en otoño	jesienią	[e'ɕenɔ̃]
en invierno	zimą	['ʒimɔ̃]

mes (m)	miesiąc (m)	['meɕɔ̃ts]
estación (f)	sezon (m)	['sɛzɔn]
año (m)	rok (m)	[rɔk]
siglo (m)	wiek (m)	[vek]

2. Números. Los numerales

cifra (f)	cyfra (ż)	['tsifra]
número (m) (~ cardinal)	liczba (ż)	['litʃba]
menos (m)	minus (m)	['minus]
más (m)	plus (m)	[plys]
suma (f)	suma (ż)	['suma]

primero (adj)	pierwszy	['perfʃi]
segundo (adj)	drugi	['drugi]
tercero (adj)	trzeci	['tʃɛtʃi]

cero	zero	['zɛrɔ]
uno	jeden	['edɛn]
dos	dwa	[dva]
tres	trzy	[tʃi]
cuatro	cztery	['tʃtɛri]

cinco	pięć	[pɛ̃tʃ]
seis	sześć	[ʃɛɕtʃ]
siete	siedem	['ɕedɛm]
ocho	osiem	['ɔɕem]
nueve	dziewięć	['ʥevɛ̃tʃ]
diez	dziesięć	['ʥeɕɛ̃tʃ]

once	jedenaście	[edɛ'naɕtʃe]
doce	dwanaście	[dva'naɕtʃe]
trece	trzynaście	[tʃi'naɕtʃe]
catorce	czternaście	[tʃtɛr'naɕtʃe]
quince	piętnaście	[pɛ̃t'naɕtʃe]

dieciséis	szesnaście	[ʃɛs'naɕtʃe]
diecisiete	siedemnaście	[ɕedɛm'naɕtʃe]
dieciocho	osiemnaście	[ɔɕem'naɕtʃe]

diecinueve	dziewiętnaście	[dʑevɛ̃t'naɕʧe]
veinte	dwadzieścia	[dva'dʑeɕʧ'a]
treinta	trzydzieści	[ʧi'dʑeɕʧi]
cuarenta	czterdzieści	[ʧtɛr'dʑeɕʧi]
cincuenta	pięćdziesiąt	[pɛ̃'dʑeɕɔ̃t]

sesenta	sześćdziesiąt	[ʃɛɕ'dʑeɕɔ̃t]
setenta	siedemdziesiąt	[ɕedɛm'dʑeɕɔ̃t]
ochenta	osiemdziesiąt	[ɔɕem'dʑeɕɔ̃t]
noventa	dziewięćdziesiąt	[dʑevɛ̃'dʑeɕɔ̃t]
cien	sto	[stɔ]
doscientos	dwieście	['dveɕʧe]
trescientos	trzysta	['ʧista]
cuatrocientos	czterysta	['ʧtɛrista]
quinientos	pięćset	['pɛ̃ʧsɛt]

seiscientos	sześćset	['ʃɛɕʧsɛt]
setecientos	siedemset	['ɕedɛmsɛt]
ochocientos	osiemset	[ɔ'ɕemsɛt]
novecientos	dziewięćset	['dʑevɛ̃ʧsɛt]
mil	tysiąc	['tiɕɔ̃ts]

diez mil	dziesięć tysięcy	['dʑeɕɛ̃ʧ ti'ɕentsi]
cien mil	sto tysięcy	[stɔ ti'ɕentsi]
millón (m)	milion	['miʎjɔn]
mil millones	miliard	['miʎjart]

3. El ser humano. Los familiares

hombre (m) (varón)	mężczyzna (m)	[mɛ̃ʃt'ʃizna]
joven (m)	młodzieniec (m)	[mwɔ'dʑenets]
adolescente (m)	nastolatek (m)	[nastɔ'ʎatɛk]
mujer (f)	kobieta (ż)	[kɔ'beta]
muchacha (f)	dziewczyna (ż)	[dʑeft'ʃina]

edad (f)	wiek (m)	[vek]
adulto	dorosły (m)	[dɔ'rɔswi]
de edad media (adj)	w średnim wieku	[f 'ɕrɛdnim 'veku]
anciano, mayor (adj)	w podeszłym wieku	[f pɔ'dɛʃwim 'veku]
viejo (adj)	stary	['stari]

anciano (m)	staruszek (m)	[sta'ruʃɛk]
anciana (f)	staruszka (ż)	[sta'ruʃka]
jubilación (f)	emerytura (ż)	[ɛmɛri'tura]
jubilarse	przejść na emeryturę	['pʃejʨ na ɛmɛri'turɛ̃]
jubilado (m)	emeryt (m)	[ɛ'mɛrit]

madre (f)	matka (ż)	['matka]
padre (m)	ojciec (m)	['ɔjʧets]
hijo (m)	syn (m)	[sin]

hija (f)	córka (ż)	['tsurka]
hermano (m)	brat (m)	[brat]
hermana (f)	siostra (ż)	['ɕɔstra]

padres (pl)	rodzice (l.mn.)	[rɔ'dʑitsɛ]
niño -a (m, f)	dziecko (n)	['dʑetskɔ]
niños (pl)	dzieci (l.mn.)	['dʑetɕi]
madrastra (f)	macocha (ż)	[ma'tsɔha]
padrastro (m)	ojczym (m)	['ɔjtʃim]

abuela (f)	babcia (ż)	['babtɕa]
abuelo (m)	dziadek (m)	['dʑʲadɛk]
nieto (m)	wnuk (m)	[vnuk]
nieta (f)	wnuczka (ż)	['vnutʃka]
nietos (pl)	wnuki (l.mn.)	['vnuki]

tío (m)	wujek (m)	['vuek]
tía (f)	ciocia (ż)	['tɕɔtɕa]
sobrino (m)	bratanek (m), siostrzeniec (m)	[bra'tanɛk], [sɔst'ʃɛnets]
sobrina (f)	bratanica (ż), siostrzenica (ż)	[brata'nitsa], [sɔst'ʃɛnitsa]

mujer (f)	żona (ż)	['ʒɔna]
marido (m)	mąż (m)	[mɔ̃ʃ]
casado (adj)	żonaty	[ʒɔ'nati]
casada (adj)	zamężna	[za'mɛnʒna]
viuda (f)	wdowa (ż)	['vdɔva]
viudo (m)	wdowiec (m)	['vdɔvets]

| nombre (m) | imię (n) | ['imɛ̃] |
| apellido (m) | nazwisko (n) | [naz'viskɔ] |

pariente (m)	krewny (m)	['krɛvnʲi]
amigo (m)	przyjaciel (m)	[pʃi'jatɕeʎ]
amistad (f)	przyjaźń (ż)	['pʃijaʑɲ]

compañero (m)	partner (m)	['partnɛr]
superior (m)	kierownik (m)	[ke'rɔvnik]
colega (m, f)	koleżanka (ż)	[kɔle'ʒaŋka]
vecinos (pl)	sąsiedzi (l.mn.)	[sɔ̃'ɕedʑi]

4. El cuerpo. La anatomía humana

organismo (m)	organizm (m)	[ɔr'ganizm]
cuerpo (m)	ciało (n)	['tɕawɔ]
corazón (m)	serce (n)	['sɛrtsɛ]
sangre (f)	krew (ż)	[krɛf]
cerebro (m)	mózg (m)	[musk]
nervio (m)	nerw (m)	[nɛrf]

hueso (m)	kość (ż)	[kɔɕtʃ]
esqueleto (m)	szkielet (m)	['ʃkelet]
columna (f) vertebral	kręgosłup (m)	[krɛ̃'gɔswup]
costilla (f)	żebro (n)	['ʒɛbrɔ]
cráneo (m)	czaszka (ż)	['tʃaʃka]

músculo (m)	mięsień (m)	['mɛŋɕɛ̃]
pulmones (m pl)	płuca (l.mn.)	['pwutsa]
piel (f)	skóra (ż)	['skura]

cabeza (f)	głowa (ż)	['gwɔva]
cara (f)	twarz (ż)	[tfaʃ]
nariz (f)	nos (m)	[nɔs]
frente (f)	czoło (n)	['tʃɔwɔ]
mejilla (f)	policzek (m)	[pɔ'litʃɛk]
boca (f)	usta (l.mn.)	['usta]
lengua (f)	język (m)	['enzik]
diente (m)	ząb (m)	[zɔ̃mp]
labios (m pl)	wargi (l.mn.)	['vargi]
mentón (m)	podbródek (m)	[pɔdb'rudek]

oreja (f)	ucho (n)	['uhɔ]
cuello (m)	szyja (ż)	['ʃija]
garganta (f)	gardło (n)	['gardwɔ]
ojo (m)	oko (n)	['ɔkɔ]
pupila (f)	źrenica (ż)	[zʲre'nitsa]
ceja (f)	brew (ż)	[brɛf]
pestaña (f)	rzęsy (l.mn.)	['ʒɛnsi]

pelo, cabello (m)	włosy (l.mn.)	['vwɔsi]
peinado (m)	fryzura (ż)	[fri'zura]
bigote (m)	wąsy (l.mn.)	['vɔ̃si]
barba (f)	broda (ż)	['brɔda]
tener (~ la barba)	nosić	['nɔɕitʃ]
calvo (adj)	łysy	['wisi]

mano (f)	dłoń (ż)	[dwɔɲ]
brazo (m)	ręka (ż)	['rɛŋka]
dedo (m)	palec (m)	['palets]
uña (f)	paznokieć (m)	[paz'nɔketʃ]
palma (f)	dłoń (ż)	[dwɔɲ]

hombro (m)	ramię (n)	['ramɛ̃]
pierna (f)	noga (ż)	['nɔga]
planta (f)	stopa (ż)	['stɔpa]
rodilla (f)	kolano (n)	[kɔ'ʎanɔ]
talón (m)	pięta (ż)	['penta]

espalda (f)	plecy (l.mn.)	['pletsi]
cintura (f), talle (m)	talia (ż)	['taʎja]
lunar (m)	pieprzyk (m)	['pepʃik]
marca (f) de nacimiento	znamię (n)	['znamɛ̃]

5. La medicina. Las drogas

salud (f)	zdrowie (n)	['zdrɔvɛ]
sano (adj)	zdrowy	['zdrɔvi]
enfermedad (f)	choroba (ż)	[hɔ'rɔba]
estar enfermo	chorować	[hɔ'rɔvatʃ]
enfermo (adj)	chory	['hɔri]

resfriado (m)	przeziębienie (n)	[pʃɛʒɛ̃'bɛnɛ]
resfriarse (vr)	przeziębić się	[pʃɛ'ʒɛmbitʃ ɕɛ̃]
angina (f)	angina (ż)	[aŋina]
pulmonía (f)	zapalenie (n) płuc	[zapa'lɛnɛ pwuts]
gripe (f)	grypa (ż)	['gripa]

resfriado (m) (coriza)	katar (m)	['katar]
tos (f)	kaszel (m)	['kaʃɛʎ]
toser (vi)	kaszleć	['kaʃletʃ]
estornudar (vi)	kichać	['kihatʃ]

insulto (m)	wylew (m)	['vilɛf]
ataque (m) cardiaco	zawał (m)	['zavaw]
alergia (f)	alergia (ż)	[a'lergʰja]
asma (f)	astma (ż)	['astma]
diabetes (f)	cukrzyca (ż)	[tsuk'ʃitsa]

tumor (m)	nowotwór (m)	[nɔ'vɔtfur]
cáncer (m)	rak (m)	[rak]
alcoholismo (m)	alkoholizm (m)	[aʎkɔ'hɔlizm]
SIDA (m)	AIDS (m)	[ɛjts]
fiebre (f)	febra (ż)	['fɛbra]
mareo (m)	choroba (ż) morska	[hɔ'rɔba 'mɔrska]

moradura (f)	siniak (m)	['ɕiɲak]
chichón (m)	guz (m)	[gus]
cojear (vi)	kuleć	['kulɛtʃ]
dislocación (f)	zwichnięcie (n)	[zvih'nɛ̃tʃɛ]
dislocar (vt)	zwichnąć	['zvihnɔ̃tʃ]

fractura (f)	złamanie (n)	[zwa'manɛ]
quemadura (f)	oparzenie (n)	[ɔpa'ʒɛnɛ]
herida (f)	uszkodzenie (n)	[uʃkɔ'dzɛnɛ]
dolor (m)	ból (m)	[buʎ]
dolor (m) de muelas	ból (m) zęba	[buʎ 'zɛ̃ba]

sudar (vi)	pocić się	['pɔtʃitʃ ɕɛ̃]
sordo (adj)	niesłyszący, głuchy	[nɛswi'ʃɔ̃tsi], ['gwuhi]
mudo (adj)	niemy	['nɛmi]

inmunidad (f)	odporność (ż)	[ɔt'pɔrnɔɕtʃ]
virus (m)	wirus (m)	['virus]
microbio (m)	mikrob (m)	['mikrɔb]

| bacteria (f) | bakteria (ż) | [bak'tɛrʰja] |
| infección (f) | infekcja (ż) | [in'fɛkʦʰja] |

hospital (m)	szpital (m)	['ʃpitaʎ]
cura (f)	leczenie (n)	[let'ʃɛne]
vacunar (vt)	szczepić	['ʃʧɛpiʧ]
estar en coma	być w śpiączce	[biʧ f ɕpõʧʦe]
revitalización (f)	reanimacja (ż)	[rɛani'maʦʰja]
síntoma (m)	objaw (m)	['ɔbʰjaf]
pulso (m)	puls (m)	[puʎs]

6. Los sentimientos. Las emociones

yo	ja	[ja]
tú	ty	[ti]
él	on	[ɔn]
ella	ona	['ɔna]
ello	ono	['ɔnɔ]

nosotros, -as	my	[mi]
vosotros, -as	wy	[vi]
ellos, ellas	one	['ɔnɛ]

¡Hola! (fam.)	Dzień dobry!	[dʒeŋ 'dɔbri]
¡Hola! (form.)	Dzień dobry!	[dʒeŋ 'dɔbri]
¡Buenos días!	Dzień dobry!	[dʒeŋ 'dɔbri]
¡Buenas tardes!	Dzień dobry!	[dʒeŋ 'dɔbri]
¡Buenas noches!	Dobry wieczór!	[dɔbri 'vɛʧur]

decir hola	witać się	['vitaʧ ɕɛ̃]
saludar (vt)	witać	['vitaʧ]
¿Cómo estás?	Jak się masz?	[jak ɕɛ̃ maʃ]
¡Chau! ¡Adiós!	Do widzenia!	[dɔ vi'dzɛɲa]
¡Gracias!	Dziękuję!	[dʒɛ̃'kue]

sentimientos (m pl)	uczucia (l.mn.)	[ut'ʃuʨʲa]
tener hambre	chcieć jeść	[hʧeʧ eɕʧ]
tener sed	chcieć pić	[hʧeʧ piʧ]
cansado (adj)	zmęczony	[zmɛ̃t'ʃɔni]

inquietarse (vr)	martwić się	['martfiʧ ɕɛ̃]
estar nervioso	denerwować się	[dɛnɛr'vɔvaʧ ɕɛ̃]
esperanza (f)	nadzieja (ż)	[na'dʒeja]
esperar (tener esperanza)	mieć nadzieję	[meʧ na'dʒeɛ̃]

carácter (m)	charakter (m)	[ha'raktɛr]
modesto (adj)	skromny	['skrɔmni]
perezoso (adj)	leniwy	[le'nivi]
generoso (adj)	hojny	['hɔjni]
talentoso (adj)	utalentowany	[utalentɔ'vani]

honesto (adj)	uczciwy	[uʧ'ʧivi]
serio (adj)	poważny	[pɔ'vaʒni]
tímido (adj)	nieśmiały	[neɕ'mʲawi]
sincero (adj)	szczery	['ʃʧɛri]
cobarde (m)	tchórz (m)	[thuʃ]

dormir (vi)	spać	[spaʧ]
sueño (m) (dulces ~s)	sen (m)	[sɛn]
cama (f)	łóżko (n)	['wuʃkɔ]
almohada (f)	poduszka (ż)	[pɔ'duʃka]

insomnio (m)	bezsenność (ż)	[bɛs'sɛnɔɕʧ]
irse a la cama	iść spać	[iɕʧ spaʧ]
pesadilla (f)	koszmar (m)	['kɔʃmar]
despertador (m)	budzik (m)	['budʑik]

sonrisa (f)	uśmiech (m)	['uɕmeh]
sonreír (vi)	uśmiechać się	[uɕ'mehaʧ ɕɛ̃]
reírse (vr)	śmiać się	['ɕmʲaʧ ɕɛ̃]

disputa (f), riña (f)	kłótnia (ż)	['kwutɲa]
insulto (m)	zniewaga (ż)	[zɲi'evaga]
ofensa (f)	obraza (ż)	[ɔb'raza]
enfadado (adj)	zły	[zwɨ]

7. La ropa. Accesorios personales

ropa (f)	odzież (ż)	['ɔdʑeʃ]
abrigo (m)	palto (n)	['paʎtɔ]
abrigo (m) de piel	futro (n)	['futrɔ]
cazadora (f)	kurtka (ż)	['kurtka]
impermeable (m)	płaszcz (m)	[pwaʃʧ]
camisa (f)	koszula (ż)	[kɔ'ʃuʎa]
pantalones (m pl)	spodnie (l.mn.)	['spɔdne]
chaqueta (f), saco (m)	marynarka (ż)	[mari'narka]
traje (m)	garnitur (m)	[gar'nitur]

vestido (m)	sukienka (ż)	[su'keŋka]
falda (f)	spódnica (ż)	[spud'nitsa]
camiseta (f) (T-shirt)	koszulka (ż)	[kɔ'ʃuʎka]
bata (f) de baño	szlafrok (m)	['ʃʎafrɔk]
pijama (m)	pidżama (ż)	[pi'dʒama]
ropa (f) de trabajo	ubranie (n) robocze	[ub'rane rɔ'bɔʧɛ]

ropa (f) interior	bielizna (ż)	[be'lizna]
calcetines (m pl)	skarpety (l.mn.)	[skar'pɛti]
sostén (m)	biustonosz (m)	[bys'tɔnɔʃ]
pantimedias (f pl)	rajstopy (l.mn.)	[rajs'tɔpi]
medias (f pl)	pończochy (l.mn.)	[pɔɲ'ʧɔhi]
traje (m) de baño	kostium (m) kąpielowy	['kɔstʲjum kɔ̃pelɔvi]

gorro (m)	czapka (ż)	['ʧapka]
calzado (m)	obuwie (n)	[ɔ'buve]
botas (f pl) altas	kozaki (l.mn.)	[kɔ'zaki]
tacón (m)	obcas (m)	['ɔbʦas]
cordón (m)	sznurowadło (n)	[ʃnurɔ'vadwɔ]
betún (m)	pasta (ż) do butów	['pasta dɔ 'butuf]
algodón (m)	bawełna (ż)	[ba'vɛwna]
lana (f)	wełna (ż)	['vɛwna]
piel (f) (~ de zorro, etc.)	futro (n)	['futrɔ]
guantes (m pl)	rękawiczki (l.mn.)	[rɛ̃ka'viʧki]
manoplas (f pl)	rękawiczki (l.mn.)	[rɛ̃ka'viʧki]
bufanda (f)	szalik (m)	['ʃalik]
gafas (f pl)	okulary (l.mn.)	[ɔku'ʎari]
paraguas (m)	parasol (m)	[pa'rasɔʎ]
corbata (f)	krawat (m)	['kravat]
moquero (m)	chusteczka (ż) do nosa	[hus'tɛʧka dɔ 'nɔsa]
peine (m)	grzebień (m)	['gʒɛbeɲ]
cepillo (m) de pelo	szczotka (ż) do włosów	['ʃʧɔtka dɔ 'vwɔsuv]
hebilla (f)	sprzączka (ż)	['spʃɔ̃ʧka]
cinturón (m)	pasek (m)	['pasɛk]
bolso (m)	torebka (ż)	[tɔ'rɛpka]
cuello (m)	kołnierz (m)	['kɔwneʃ]
bolsillo (m)	kieszeń (ż)	['keʃɛɲ]
manga (f)	rękaw (m)	['rɛŋkaf]
bragueta (f)	rozporek (m)	[rɔs'pɔrɛk]
cremallera (f)	zamek (m) błyskawiczny	['zamɛk bwiska'viʧni]
botón (m)	guzik (m)	['guʒik]
ensuciarse (vr)	wybrudzić się	[vib'ruʤiʧ ɕɛ̃]
mancha (f)	plama (ż)	['pʎama]

8. La ciudad. Las instituciones urbanas

tienda (f)	sklep (m)	[sklep]
centro (m) comercial	centrum (n) handlowe	['ʦɛntrum hand'lɔvɛ]
supermercado (m)	supermarket (m)	[supɛr'markɛt]
zapatería (f)	sklep (m) obuwniczy	[sklep ɔbuv'niʧi]
librería (f)	księgarnia (ż)	[kɕɛ̃'garɲa]
farmacia (f)	apteka (ż)	[ap'tɛka]
panadería (f)	sklep (m) z pieczywem	[sklep s pet'ʃivɛm]
pastelería (f)	cukiernia (ż)	[ʦu'kerɲa]
tienda (f) de comestibles	sklep (m) spożywczy	[sklep spɔ'ʒivʧi]
carnicería (f)	sklep (m) mięsny	[sklep 'mensni]
verdulería (f)	warzywniak (m)	[va'ʒivɲak]
mercado (m)	targ (m)	[tark]

peluquería (f)	salon (m) fryzjerski	['salɔn friz^herski]
oficina (f) de correos	poczta (ż)	['pɔt͡ʃta]
tintorería (f)	pralnia (ż) chemiczna	['praʎɲa hɛ'mit͡ʃna]
circo (m)	cyrk (m)	[t͡sirk]
zoológico (m)	zoo (n)	['zɔ:]
teatro (m)	teatr (m)	['tɛatr]
cine (m)	kino (n)	['kinɔ]
museo (m)	muzeum (n)	[mu'zɛum]
biblioteca (f)	biblioteka (ż)	[biblɔ'tɛka]
mezquita (f)	meczet (m)	['mɛt͡ʃɛt]
sinagoga (f)	synagoga (ż)	[sina'gɔga]
catedral (f)	katedra (ż)	[ka'tɛdra]
templo (m)	świątynia (ż)	[ɕfɔ̃'tiɲa]
iglesia (f)	kościół (m)	['kɔʃt͡ʃɔw]
instituto (m)	instytut (m)	[ins'titut]
universidad (f)	uniwersytet (m)	[uni'vɛrsitɛt]
escuela (f)	szkoła (ż)	['ʃkɔwa]
hotel (m)	hotel (m)	['hɔtɛʎ]
banco (m)	bank (m)	[baŋk]
embajada (f)	ambasada (ż)	[amba'sada]
agencia (f) de viajes	agencja (ż) turystyczna	[a'gɛnts^hja turis'tit͡ʃna]
metro (m)	metro (n)	['mɛtrɔ]
hospital (m)	szpital (m)	['ʃpitaʎ]
gasolinera (f)	stacja (ż) benzynowa	['stats^hja bɛnzi'nɔva]
aparcamiento (m)	parking (m)	['parkiŋk]
ENTRADA	WEJŚCIE	['vɛjɕt͡ʃe]
SALIDA	WYJŚCIE	['vijɕt͡ʃe]
EMPUJAR	PCHAĆ	[phat͡ʃ]
TIRAR	CIĄGNĄĆ	[t͡ʃɔ̃gnɔɲt͡ʃ]
ABIERTO	OTWARTE	[ɔt'fartɛ]
CERRADO	ZAMKNIĘTE	[zamk'nentɛ]
monumento (m)	pomnik (m)	['pɔmnik]
fortaleza (f)	twierdza (ż)	['tfʲerd͡za]
palacio (m)	pałac (m)	['pawat͡s]
medieval (adj)	średniowieczny	[ɕrɛdnɔ'vet͡ʃɲi]
antiguo (adj)	zabytkowy	[zabit'kɔvi]
nacional (adj)	narodowy	[narɔ'dɔvi]
conocido (adj)	znany	['znaɲi]

9. El dinero. Las finanzas

dinero (m)	pieniądze (l.mn.)	[pen͡ɔ̃d͡zɛ]
moneda (f)	moneta (ż)	[mɔ'nɛta]

dólar (m)	dolar (m)	['dɔʎar]
euro (m)	euro (m)	['ɛurɔ]

cajero (m) automático	bankomat (m)	[ba'ŋkɔmat]
oficina (f) de cambio	kantor (m)	['kantɔr]
curso (m)	kurs (m)	[kurs]
dinero (m) en efectivo	gotówka (ż)	[gɔ'tufka]
¿Cuánto?	Ile kosztuje?	['ile kɔʃ'tuɛ]
pagar (vi, vt)	płacić	['pwatʃitʃ]
pago (m)	opłata (ż)	[ɔp'wata]
cambio (m) (devolver el ~)	reszta (ż)	['rɛʃta]

precio (m)	cena (ż)	['tsɛna]
descuento (m)	zniżka (ż)	['zniʃka]
barato (adj)	tani	['tani]
caro (adj)	drogi	['drɔgi]

banco (m)	bank (m)	[baŋk]
cuenta (f)	konto (n)	['kɔntɔ]
tarjeta (f) de crédito	karta (ż) kredytowa	['karta krɛdi'tɔva]
cheque (m)	czek (m)	[tʃɛk]
sacar un cheque	wystawić czek	[vis'tavitʃ tʃɛk]
talonario (m)	książeczka (ż) czekowa	[kɕɔ̃'ʒɛtʃka tʃɛ'kɔva]

deuda (f)	dług (m)	[dwuk]
deudor (m)	dłużnik (m)	['dwuʒnik]
prestar (vt)	pożyczyć	[pɔ'ʒitʃitʃ]
tomar prestado	pożyczyć od ...	[pɔ'ʒitʃitʃ ɔt]

alquilar (vt)	wypożyczyć	[vipɔ'ʒitʃitʃ]
a crédito (adv)	na kredyt	[na 'krɛdit]
cartera (f)	portfel (m)	['portfɛʎ]
caja (f) fuerte	sejf (m)	[sɛjf]
herencia (f)	spadek (m)	['spadɛk]
fortuna (f)	majątek (m)	[maɔ̃tɛk]

impuesto (m)	podatek (m)	[pɔ'datɛk]
multa (f)	kara (ż)	['kara]
multar (vt)	karać grzywną	['karatʃ 'gʒivnɔ̃]

al por mayor (adj)	hurtowy	[hur'tɔvi]
al por menor (adj)	detaliczny	[dɛta'litʃni]
asegurar (vt)	ubezpieczać	[ubɛs'petʃatʃ]
seguro (m)	ubezpieczenie (n)	[ubɛspet'ʃɛne]

capital (m)	kapitał (m)	[ka'pitaw]
volumen (m) de negocio	obrót (m)	['ɔbrut]
acción (f)	akcja (ż)	['aktsʰja]
beneficio (m)	zysk (m)	[zisk]
beneficioso (adj)	dochodowy	[dɔhɔ'dɔvi]
crisis (f)	kryzys (m)	['krizis]
bancarrota (f)	bankructwo (n)	[baŋk'rutstfɔ]

ir a la bancarrota	zbankrutować	[zbaŋkru'tɔvatʃ]
contable (m)	księgowy (m)	[kɕɛ̃'gɔvi]
salario (m)	pensja (ż)	['pɛnsʰja]
premio (m)	premia (ż)	['prɛmʰja]

10. El transporte

autobús (m)	autobus (m)	[au'tɔbus]
tranvía (m)	tramwaj (m)	['tramvaj]
trolebús (m)	trolejbus (m)	[trɔ'lejbus]
ir en ...	jechać w ...	['ehatʃ v]
tomar (~ el autobús)	wsiąść	[fɕɔ̃ɕtʃ]
bajar (~ del tren)	zsiąść z ...	[zɕɔ̃ɕtʃ z]
parada (f)	przystanek (m)	[pʃis'tanɛk]
parada (f) final	stacja (ż) końcowa	['statsʰja kɔɲ'tsɔva]
horario (m)	rozkład (m) jazdy	['rɔskwad 'jazdi]
billete (m)	bilet (m)	['bilet]
llegar tarde (vi)	spóźniać się	['spuzʲɲatʃ ɕɛ̃]
taxi (m)	taksówka (ż)	[tak'sufka]
en taxi	taksówką	[tak'sufkɔ̃]
parada (f) de taxi	postój (m) taksówek	['pɔstuj tak'suvɛk]
tráfico (m)	ruch (m) uliczny	[ruh u'litʃni]
horas (f pl) de punta	godziny (l.mn.) szczytu	[gɔ'dʑini 'ʃtʃitu]
aparcar (vi)	parkować	[par'kɔvatʃ]
metro (m)	metro (n)	['mɛtrɔ]
estación (f)	stacja (ż)	['statsʰja]
tren (m)	pociąg (m)	['pɔtʃɔ̃k]
estación (f)	dworzec (m)	['dvɔʑɛts]
rieles (m pl)	szyny (l.mn.)	['ʃini]
compartimiento (m)	przedział (m)	['pʃɛdʑʲaw]
litera (f)	łóżko (n)	['wuʃkɔ]
avión (m)	samolot (m)	[sa'mɔlɔt]
billete (m) de avión	bilet (m) lotniczy	['bilet lɔt'nitʃi]
compañía (f) aérea	linie (l.mn.) lotnicze	['linje lɔt'nitʃɛ]
aeropuerto (m)	port (m) lotniczy	[pɔrt lɔt'nitʃi]
vuelo (m)	lot (m)	['lɔt]
equipaje (m)	bagaż (m)	['bagaʃ]
carrito (m) de equipaje	wózek (m) bagażowy	['vuzɛk baga'ʒɔvi]
barco, buque (m)	statek (m)	['statɛk]
trasatlántico (m)	liniowiec (m)	[li'njɔvɛts]
yate (m)	jacht (m)	[jaht]
bote (m) de remo	łódź (ż)	[wutʃ]

capitán (m)	kapitan (m)	[ka'pitan]
camarote (m)	kajuta (ż)	[ka'juta]
puerto (m)	port (m)	[pɔrt]

bicicleta (f)	rower (m)	['rɔvɛr]
scooter (m)	skuter (m)	['skutɛr]
motocicleta (f)	motocykl (m)	[mɔ'tɔtsikʎ]
pedal (m)	pedał (m)	['pɛdaw]
bomba (f)	pompka (ż)	['pɔmpka]
rueda (f)	koło (n)	['kɔwɔ]

coche (m)	samochód (m)	[sa'mɔhut]
ambulancia (f)	karetka (ż) pogotowia	[ka'rɛtka pɔgɔ'tɔvʲa]
camión (m)	ciężarówka (ż)	[tɕɛʒa'rufka]
de ocasión (adj)	używany	[uʒɨ'vanɨ]
accidente (m)	wypadek (m)	[vɨ'padɛk]
reparación (f)	naprawa (ż)	[nap'rava]

11. La comida. Unidad 1

carne (f)	mięso (n)	['mɛnsɔ]
gallina (f)	kurczak (m)	['kurtʃak]
pato (m)	kaczka (ż)	['katʃka]

carne (f) de cerdo	wieprzowina (ż)	[vepʃɔ'vina]
carne (f) de ternera	cielęcina (ż)	[tɕelɛ̃'tɕina]
carne (f) de carnero	baranina (ż)	[bara'nina]
carne (f) de vaca	wołowina (ż)	[vɔwɔ'vina]

salchichón (m)	kiełbasa (ż)	[kew'basa]
huevo (m)	jajko (n)	['jajkɔ]
pescado (m)	ryba (ż)	['rɨba]
queso (m)	ser (m)	[sɛr]
azúcar (m)	cukier (m)	['tsuker]
sal (f)	sól (ż)	[suʎ]

arroz (m)	ryż (m)	[rɨʃ]
macarrones (m pl)	makaron (m)	[ma'karɔn]
mantequilla (f)	masło (n) śmietankowe	['maswɔ ɕmeta'ŋkɔvɛ]
aceite (m) vegetal	olej (m) roślinny	['ɔlej rɔɕliɲi]
pan (m)	chleb (m)	[hlep]
chocolate (m)	czekolada (ż)	[tʃɛkɔ'ʎada]

vino (m)	wino (n)	['vinɔ]
café (m)	kawa (ż)	['kava]
leche (f)	mleko (n)	['mlekɔ]
zumo (m), jugo (m)	sok (m)	[sɔk]
cerveza (f)	piwo (n)	['pivɔ]
té (m)	herbata (ż)	[hɛr'bata]
tomate (m)	pomidor (m)	[pɔ'midɔr]

pepino (m)	ogórek (m)	[ɔ'gurɛk]
zanahoria (f)	marchew (ż)	['marhɛf]
patata (f)	ziemniak (m)	[ʒem'ɲak]
cebolla (f)	cebula (ż)	[tsɛ'buʎa]
ajo (m)	czosnek (m)	['tʃɔsnɛk]

col (f)	kapusta (ż)	[ka'pusta]
remolacha (f)	burak (m)	['burak]
berenjena (f)	bakłażan (m)	[bak'waʒan]
eneldo (m)	koperek (m)	[kɔ'pɛrɛk]
lechuga (f)	sałata (ż)	[sa'wata]
maíz (m)	kukurydza (ż)	[kuku'ridza]

fruto (m)	owoc (m)	['ɔvɔts]
manzana (f)	jabłko (n)	['jabkɔ]
pera (f)	gruszka (ż)	['gruʃka]
limón (m)	cytryna (ż)	[tsit'rina]
naranja (f)	pomarańcza (ż)	[pɔma'raɲtʃa]
fresa (f)	truskawka (ż)	[trus'kafka]

ciruela (f)	śliwka (ż)	['ɕlifka]
frambuesa (f)	malina (ż)	[ma'lina]
piña (f)	ananas (m)	[a'nanas]
banana (f)	banan (m)	['banan]
sandía (f)	arbuz (m)	['arbus]
uva (f)	winogrona (l.mn.)	[vinɔg'rɔna]
melón (m)	melon (m)	['mɛlɔn]

12. La comida. Unidad 2

cocina (f)	kuchnia (ż)	['kuhɲa]
receta (f)	przepis (m)	['pʃɛpis]
comida (f)	jedzenie (n)	[e'dzɛne]

desayunar (vi)	jeść śniadanie	[ectʃ ɕɲa'dane]
almorzar (vi)	jeść obiad	[ectʃ 'ɔbʲat]
cenar (vi)	jeść kolację	[ectʃ kɔ'ʎatsʰɛ̃]

sabor (m)	smak (m)	[smak]
sabroso (adj)	smaczny	['smatʃni]
frío (adj)	zimny	['ʒimni]
caliente (adj)	gorący	[gɔ'rɔ̃tsi]
azucarado, dulce (adj)	słodki	['swɔtki]
salado (adj)	słony	['swɔni]

bocadillo (m)	kanapka (ż)	[ka'napka]
guarnición (f)	dodatki (l.mn.)	[dɔ'datki]
relleno (m)	nadzienie (n)	[na'dzene]
salsa (f)	sos (m)	[sɔs]
pedazo (m)	kawałek (m)	[ka'vawɛk]

dieta (f)	dieta (ż)	['dʰeta]
vitamina (f)	witamina (ż)	[vita'mina]
caloría (f)	kaloria (ż)	[ka'lɔrja]
vegetariano (m)	wegetarianin (m)	[vɛgɛtarʰ'janin]
restaurante (m)	restauracja (ż)	[rɛstau'ratsʰja]
cafetería (f)	kawiarnia (ż)	[ka'vʲarɲa]
apetito (m)	apetyt (m)	[a'pɛtit]
¡Que aproveche!	Smacznego!	[smatʃ'nɛgɔ]
camarero (m)	kelner (m)	['kɛʎnɛr]
camarera (f)	kelnerka (ż)	[kɛʎ'nɛrka]
barman (m)	barman (m)	['barman]
carta (f), menú (m)	menu (n)	['menu]
cuchara (f)	łyżka (ż)	['wiʃka]
cuchillo (m)	nóż (m)	[nuʃ]
tenedor (m)	widelec (m)	[vi'dɛlets]
taza (f)	filiżanka (ż)	[fili'ʒaŋka]
plato (m)	talerz (m)	['talɛʃ]
platillo (m)	spodek (m)	['spɔdɛk]
servilleta (f)	serwetka (ż)	[sɛr'vɛtka]
mondadientes (m)	wykałaczka (ż)	[vika'watʃka]
pedir (vt)	zamówić	[za'muvitʃ]
plato (m)	danie (n)	['dane]
porción (f)	porcja (ż)	['pɔrtsʰja]
entremés (m)	przystawka (ż)	[pʃis'tafka]
ensalada (f)	sałatka (ż)	[sa'watka]
sopa (f)	zupa (ż)	['zupa]
postre (m)	deser (m)	['dɛsɛr]
confitura (f)	konfitura (ż)	[kɔnfi'tura]
helado (m)	lody (l.mn.)	['lɔdi]
cuenta (f)	rachunek (m)	[ra'hunɛk]
pagar la cuenta	zapłacić rachunek	[zap'watʃitʃ ra'hunɛk]
propina (f)	napiwek (m)	[na'pivɛk]

13. La casa. El apartamento. Unidad 1

casa (f)	dom (m)	[dɔm]
casa (f) de campo	dom (m) za miastem	[dɔm za 'mʲastɛm]
villa (f)	willa (ż)	['viʎa]
piso (m), planta (f)	piętro (n)	['pentrɔ]
entrada (f)	wejście (n)	['vɛjɕtʃe]
pared (f)	ściana (ż)	['ɕtʃʲana]
techo (m)	dach (m)	[dah]
chimenea (f)	komin (m)	['kɔmin]

desván (m)	strych (m)	[strih]
ventana (f)	okno (n)	['ɔknɔ]
alféizar (m)	parapet (m)	[pa'rapɛt]
balcón (m)	balkon (m)	['baʎkɔn]
escalera (f)	schody (l.mn.)	['shɔdi]
buzón (m)	skrzynka (ż) pocztowa	['skʃiŋka pɔtʃ'tɔva]
contenedor (m) de basura	pojemnik (m) na śmieci	[pɔ'emnik na 'ɕmetʃi]
ascensor (m)	winda (ż)	['vinda]
electricidad (f)	elektryczność (ż)	[ɛlekt'ritʃnɔɕtʃ]
bombilla (f)	żarówka (ż)	[ʒa'rufka]
interruptor (m)	wyłącznik (m)	[vɨ'wɔ̃tʃnik]
enchufe (m)	gniazdko (n)	['gɲastkɔ]
fusible (m)	bezpiecznik (m)	[bɛs'petʃnik]
puerta (f)	drzwi (ż)	[dʒvi]
tirador (m)	klamka (ż)	['kʎamka]
llave (f)	klucz (m)	[klytʃ]
felpudo (m)	wycieraczka (ż)	[vitʃe'ratʃka]
cerradura (f)	zamek (m)	['zamɛk]
timbre (m)	dzwonek (m)	['dzvɔnɛk]
toque (m) a la puerta	pukanie (n)	[pu'kane]
tocar la puerta	pukać	['pukatʃ]
mirilla (f)	wizjer (m)	['vizʰer]
patio (m)	podwórko (n)	[pɔd'vurkɔ]
jardín (m)	ogród (m)	['ɔgrut]
piscina (f)	basen (m)	['basɛn]
gimnasio (m)	sala (ż) gimnastyczna	['saʎa gimnas'titʃna]
cancha (f) de tenis	kort (m) tenisowy	[kɔrt tɛni'sɔvi]
garaje (m)	garaż (m)	['garaʃ]
propiedad (f) privada	własność (ż) prywatna	['vwasnɔɕtʃ prɨ'vatna]
letrero (m) de aviso	tabliczka (ż) ostrzegawcza	[tab'litʃka ɔstʃɛ'gaftʃa]
seguridad (f)	ochrona (ż)	[ɔh'rɔna]
guardia (m) de seguridad	ochroniarz (m)	[ɔh'rɔɲaʃ]
renovación (f)	remont (m)	['rɛmɔnt]
renovar (vt)	robić remont	['rɔbitʃ 'rɛmɔnt]
poner en orden	doprowadzać do porządku	[dɔprɔ'vadzatʃ dɔ pɔ'ʒɔ̃tku]
pintar (las paredes)	malować	[ma'lɑvatʃ]
empapelado (m)	tapety (l.mn.)	[ta'pɛti]
cubrir con barniz	lakierować	[ʎake'rɔvatʃ]
tubo (m)	rura (ż)	['rura]
instrumentos (m pl)	narzędzia (l.mn.)	[na'ʒɛ̃dʒʲa]
sótano (m)	piwnica (ż)	[piv'nitsa]
alcantarillado (m)	kanalizacja (ż)	[kanali'zatsʰja]

14. La casa. El apartamento. Unidad 2

apartamento (m)	mieszkanie (n)	[meʃ'kane]
habitación (f)	pokój (m)	['pɔkuj]
dormitorio (m)	sypialnia (ż)	[si'pʲaʎɲa]
comedor (m)	jadalnia (ż)	[ja'daʎɲa]

salón (m)	salon (m)	['salɔn]
despacho (m)	gabinet (m)	[ga'binɛt]
antecámara (f)	przedpokój (m)	[pʃɛt'pɔkuj]
cuarto (m) de baño	łazienka (ż)	[wa'ʒɛŋka]
servicio (m)	toaleta (ż)	[tɔa'leta]

suelo (m)	podłoga (ż)	[pɔd'wɔga]
techo (m)	sufit (m)	['sufit]

limpiar el polvo	ścierać kurz	['ɕtʃeratʃ kuʃ]
aspirador (m), aspiradora (f)	odkurzacz (m)	[ɔt'kuʒatʃ]
limpiar con la aspiradora	odkurzać	[ɔt'kuʒatʃ]

fregona (f)	szczotka (ż) podłogowa	['ʃtʃɔtka pɔdwɔ'gɔva]
trapo (m)	ścierka (ż)	['ɕtʃerka]
escoba (f)	miotła (ż)	['mɔtwa]
cogedor (m)	szufelka (ż)	[ʃu'fɛʎka]
muebles (m pl)	meble (l.mn.)	['mɛble]
mesa (f)	stół (m)	[stɔw]
silla (f)	krzesło (n)	['kʃɛswɔ]
sillón (m)	fotel (m)	['fɔtɛʎ]

librería (f)	biblioteczka (ż)	[bibʎɔ'tɛtʃka]
estante (m)	półka (ż)	['puwka]
armario (m)	szafa (ż) ubraniowa	['ʃafa ubra'nɔva]

espejo (m)	lustro (n)	['lystrɔ]
tapiz (m)	dywan (m)	['divan]
chimenea (f)	kominek (m)	[kɔ'minɛk]
cortinas (f pl)	zasłony (l.mn.)	[zas'wɔni]
lámpara (f) de mesa	lampka (ż) na stół	['ʎampka na stɔw]
lámpara (f) de araña	żyrandol (m)	[ʒi'randɔʎ]

cocina (f)	kuchnia (ż)	['kuhɲa]
cocina (f) de gas	kuchenka (ż) gazowa	[ku'hɛŋka ga'zɔva]
cocina (f) eléctrica	kuchenka (ż) elektryczna	[ku'hɛŋka ɛlekt'ritʃna]
horno (m) microondas	mikrofalówka (ż)	[mikrɔfa'lyfka]

frigorífico (m)	lodówka (ż)	[lɔ'dufka]
congelador (m)	zamrażarka (ż)	[zamra'ʒarka]
lavavajillas (m)	zmywarka (ż) do naczyń	[zmi'varka dɔ 'natʃiɲ]
grifo (m)	kran (m)	[kran]
picadora (f) de carne	maszynka (ż) do mięsa	[ma'ʃiɲka dɔ 'mensa]
exprimidor (m)	sokowirówka (ż)	[sɔkɔvi'rufka]

| tostador (m) | toster (m) | ['tɔstɛr] |
| batidora (f) | mikser (m) | ['miksɛr] |

cafetera (f) (aparato de cocina)	ekspres (m) do kawy	['ɛksprɛs dɔ 'kavi]
hervidor (m) de agua	czajnik (m)	['ʧajnik]
tetera (f)	czajniczek (m)	[ʧaj'niʧɛk]

televisor (m)	telewizor (m)	[tɛle'vizɔr]
vídeo (m)	magnetowid (m)	[magnɛ'tɔvid]
plancha (f)	żelazko (n)	[ʒɛ'ʎaskɔ]
teléfono (m)	telefon (m)	[tɛ'lefɔn]

15. Los trabajos. El estatus social

director (m)	dyrektor (m)	[di'rɛktɔr]
superior (m)	kierownik (m)	[ke'rɔvnik]
presidente (m)	prezes (m)	['prɛzɛs]
asistente (m)	pomocnik (m)	[pɔ'mɔʦnik]
secretario, -a (m, f)	sekretarka (ż)	[sɛkrɛ'tarka]

propietario (m)	właściciel (m)	[vwaɕ'ʨiʧeʎ]
socio (m)	partner (m)	['partnɛr]
accionista (m)	akcjonariusz (m)	[akʦʰɔ'narʰjuʃ]

hombre (m) de negocios	biznesmen (m)	['biznɛsmɛn]
millonario (m)	milioner (m)	[mi'ʎjɔnɛr]
multimillonario (m)	miliarder (m)	[mi'ʎjardɛr]

actor (m)	aktor (m)	['aktɔr]
arquitecto (m)	architekt (m)	[ar'hitɛkt]
banquero (m)	bankier (m)	['baŋker]
broker (m)	broker (m)	['brɔkɛr]
veterinario (m)	weterynarz (m)	[vɛtɛ'rinaʃ]
médico (m)	lekarz (m)	['lekaʃ]
camarera (f)	pokojówka (ż)	[pɔkɔ'jufka]
diseñador (m)	projektant (m)	[prɔ'ektant]
corresponsal (m)	korespondent (m)	[kɔrɛs'pɔndɛnt]
repartidor (m)	kurier (m)	['kurʰer]

electricista (m)	elektryk (m)	[ɛ'lektrik]
músico (m)	muzyk (m)	['muzik]
niñera (f)	opiekunka (ż) do dziecka	[ɔpe'kuŋka dɔ 'ʥeʦka]
peluquero (m)	fryzjer (m)	['frizʰer]
pastor (m)	pastuch (m)	['pastuh]

cantante (m)	śpiewak (m)	['ɕpevak]
traductor (m)	tłumacz (m)	['twumaʧ]
escritor (m)	pisarz (m)	['pisaʃ]
carpintero (m)	cieśla (m)	['ʧeɕʎa]

cocinero (m)	kucharz (m)	['kuhaʃ]
bombero (m)	strażak (m)	['straʒak]
policía (m)	policjant (m)	[pɔ'liʦʰjant]
cartero (m)	listonosz (m)	[lis'tɔnɔʃ]
programador (m)	programista (m)	[prɔgra'mista]
vendedor (m)	sprzedawca (m)	[spʃɛ'daftsa]
obrero (m)	robotnik (m)	[rɔ'bɔtnik]
jardinero (m)	ogrodnik (m)	[ɔg'rɔdnik]
fontanero (m)	hydraulik (m)	[hid'raulik]
dentista (m)	dentysta (m)	[dɛn'tista]
azafata (f)	stewardessa (ż)	[stʰjuar'dɛsa]
bailarín (m)	tancerz (m)	['tanʦɛʃ]
guardaespaldas (m)	ochroniarz (m)	[ɔh'rɔɲaʃ]
científico (m)	naukowiec (m)	[nau'kɔveʦ]
profesor (m) (~ de baile, etc.)	nauczyciel (m)	[naut'ʃiʧeʎ]
granjero (m)	farmer (m)	['farmɛr]
cirujano (m)	chirurg (m)	['hirurk]
minero (m)	górnik (m)	['gurnik]
jefe (m) de cocina	szef (m) kuchni	[ʃɛf 'kuhni]
chofer (m)	kierowca (m)	[ke'rɔftsa]

16. Los deportes

tipo (m) de deporte	rodzaj (m) sportu	['rɔdzaj 'spɔrtu]
fútbol (m)	piłka (ż) nożna	['piwka 'nɔʒna]
hockey (m)	hokej (m)	['hɔkɛj]
baloncesto (m)	koszykówka (ż)	[kɔʃi'kufka]
béisbol (m)	baseball (m)	['bɛjzbɔʎ]
voleibol (m)	siatkówka (ż)	[ɕat'kufka]
boxeo (m)	boks (m)	[bɔks]
lucha (f)	zapasy (l.mn.)	[za'pasɨ]
tenis (m)	tenis (m)	['tɛnis]
natación (f)	pływanie (n)	[pwɨ'vane]
ajedrez (m)	szachy (l.mn.)	['ʃahɨ]
carrera (f)	bieganie (n)	['begane]
atletismo (m)	lekkoatletyka (ż)	[lekkɔat'letika]
patinaje (m) artístico	łyżwiarstwo (n) figurowe	[wiʒ'vʲarstfɔ figu'rɔvɛ]
ciclismo (m)	kolarstwo (n)	[kɔ'ʎarstfɔ]
billar (m)	bilard (m)	['biʎart]
culturismo (m)	kulturystyka (ż)	[kuʎtu'ristika]
golf (m)	golf (m)	[gɔʎf]
buceo (m)	nurkowanie (n)	[nurkɔ'vane]
vela (f)	żeglarstwo (n)	[ʒɛg'ʎarstfɔ]

tiro (m) con arco	łucznictwo (n)	[wutʃ'niʦtfɔ]
tiempo (m)	połowa (ż) gry	[pɔ'wɔva gri]
descanso (m)	przerwa (ż)	['pʃɛrva]
empate (m)	remis (m)	['rɛmis]
empatar (vi)	zremisować	[zrɛmi'sɔvatʃ]

cinta (f) de correr	bieżnia (ż)	['beʒɲa]
jugador (m)	gracz (m)	[gratʃ]
reserva (m)	gracz (m) rezerwowy	[gratʃ rɛzɛr'vɔvi]
banquillo (m) de reserva	ławka (ż) rezerwowych	['wafka rɛzɛr'vɔvih]

match (m)	mecz (m)	[mɛtʃ]
puerta (f)	bramka (ż)	['bramka]
portero (m)	bramkarz (m)	['bramkaʃ]
gol (m)	bramka (ż)	['bramka]

Juegos (m pl) Olímpicos	Igrzyska (l.mn.) Olimpijskie	[ig'ʒiska ɔlim'pijske]
establecer un record	ustanawiać rekord	[usta'navʲatʃ 'rɛkɔrt]
final (m)	finał (m)	['finaw]
campeón (m)	mistrz (m)	[mistʃ]
campeonato (m)	mistrzostwa (l.mn.)	[mist'ʃɔstva]

vencedor (m)	zwycięzca (m)	[zvi'ʨɛnʦsa]
victoria (f)	zwycięstwo (n)	[zvi'ʨɛnstfɔ]
ganar (vi)	wygrać	['vigratʃ]
perder (vi)	przegrać	['pʃɛgratʃ]
medalla (f)	medal (m)	['mɛdaʎ]

primer puesto (m)	pierwsze miejsce (n)	['perfʃɛ 'mejsʦɛ]
segundo puesto (m)	drugie miejsce (n)	['druge 'mejsʦɛ]
tercer puesto (m)	trzecie miejsce (n)	['ʨɛʨe 'mejsʦɛ]

estadio (m)	stadion (m)	['stadʰɔn]
hincha (m)	kibic (m)	['kibiʦ]
entrenador (m)	trener (m)	['trɛnɛr]
entrenamiento (m)	trening (m)	['trɛniŋk]

17. Los idiomas extranjeros. La ortografía

lengua (f)	język (m)	['enzik]
estudiar (vt)	studiować	[studʰɔvatʃ]
pronunciación (f)	wymowa (ż)	[vi'mɔva]
acento (m)	akcent (m)	['akʦɛnt]

sustantivo (m)	rzeczownik (m)	[ʒɛt'ʃɔvnik]
adjetivo (m)	przymiotnik (m)	[pʃi'mɔtnik]
verbo (m)	czasownik (m)	[ʨa'sɔvnik]
adverbio (m)	przysłówek (m)	[pʃis'wuvɛk]
pronombre (m)	zaimek (m)	[za'imɛk]
interjección (f)	wykrzyknik (m)	[vik'ʃiknik]

preposición (f)	przyimek (m)	[pʃi'imɛk]
raíz (f), radical (m)	rdzeń (m) słowa	[rdzɛɲ 'swɔva]
desinencia (f)	końcówka (ż)	[kɔɲ'tsufka]
prefijo (m)	prefiks (m)	['prɛfiks]
sílaba (f)	sylaba (ż)	[si'ʎaba]
sufijo (m)	sufiks (m)	['sufiks]

acento (m)	akcent (m)	['aktsɛnt]
punto (m)	kropka (ż)	['krɔpka]
coma (m)	przecinek (m)	[pʃe'tʃinɛk]
dos puntos (m pl)	dwukropek (m)	[dvuk'rɔpɛk]
puntos (m pl) suspensivos	wielokropek (m)	[velɜk'rɔpɛk]

pregunta (f)	pytanie (n)	[pi'tane]
signo (m) de interrogación	znak (m) zapytania	[znak zapi'taɲa]
signo (m) de admiración	wykrzyknik (m)	[vɨk'ʃiknik]

entre comillas	w cudzysłowie	[f tsudzis'wɔve]
entre paréntesis	w nawiasie	[v na'vʲaɕe]
letra (f)	litera (ż)	[li'tɛra]
letra (f) mayúscula	wielka litera (ż)	['veʎka li'tɛra]

oración (f)	zdanie (n)	['zdane]
combinación (f) de palabras	połączenie (n) wyrazowe	[pɔwɔ̃t'ʃene vɨra'zɔvɛ]
expresión (f)	wyrażenie (n)	[vɨra'ʒene]

sujeto (m)	podmiot (m)	['pɔdmɜt]
predicado (m)	orzeczenie (n)	[ɔʒɛt'ʃene]
línea (f)	linijka (n)	[li'nijka]
párrafo (m)	akapit (m)	[a'kapit]

| sinónimo (m) | synonim (m) | [si'nɔnim] |
| antónimo (m) | antonim (m) | [an'tɔnim] |

| excepción (f) | wyjątek (m) | [viɔ̃tɛk] |
| subrayar (vt) | podkreślić | [pɔtk'reɕlitʃ] |

reglas (f pl)	reguły (l.mn.)	[rɛ'guwɨ]
gramática (f)	gramatyka (ż)	[gra'matika]
vocabulario (m)	słownictwo (n)	[swɔv'nitstfɔ]

| fonética (f) | fonetyka (ż) | [fɔ'nɛtika] |
| alfabeto (m) | alfabet (m) | [aʎ'fabɛt] |

manual (m)	podręcznik (m)	[pɔd'rɛntʃnik]
diccionario (m)	słownik (m)	['swɔvnik]
guía (f) de conversación	rozmówki (l.mn.)	[rɔz'mufki]

palabra (f)	wyraz (m), słowo (n)	['viras], ['svɔvɔ]
significado (m)	znaczenie (n)	[zna'tʃene]
memoria (f)	pamięć (ż)	['pamɛ̃tʃ]

18. La Tierra. La geografía

Tierra (f)	Ziemia (ż)	['ʒemʲa]
globo (m) terrestre	kula (ż) ziemska	['kuʎa 'ʒemska]
planeta (m)	planeta (ż)	[pʎa'nɛta]
geografía (f)	geografia (ż)	[gɛɔg'rafʲja]
naturaleza (f)	przyroda (ż)	[pʃi'rɔda]
mapa (m)	mapa (ż)	['mapa]
atlas (m)	atlas (m)	['atʎas]
en el norte	na północy	[na puw'nɔtsi]
en el sur	na południu	[na pɔ'wudny]
en el oeste	na zachodzie	[na za'hɔdʒe]
en el este	na wschodzie	[na 'fshɔdʒe]
mar (m)	morze (n)	['mɔʒɛ]
océano (m)	ocean (m)	[ɔ'tsɛan]
golfo (m)	zatoka (ż)	[za'tɔka]
estrecho (m)	cieśnina (ż)	[tɕec'nina]
continente (m)	kontynent (m)	[kɔn'tinɛnt]
isla (f)	wyspa (ż)	['vispa]
península (f)	półwysep (m)	[puw'visɛp]
archipiélago (m)	archipelag (m)	[arhi'pɛʎak]
ensenada, bahía (f)	port (m)	[pɔrt]
arrecife (m) de coral	rafa (ż) koralowa	['rafa kɔra'lɔva]
orilla (f)	brzeg (m)	[bʒɛk]
costa (f)	wybrzeże (n)	[vib'ʒɛʒe]
flujo (m)	przypływ (m)	['pʃipwif]
reflujo (m)	odpływ (m)	['ɔtpwif]
latitud (f)	szerokość (ż)	[ʃɛ'rɔkɔɕtʃ]
longitud (f)	długość (ż)	['dwugɔɕtʃ]
paralelo (m)	równoleżnik (m)	[ruvnɔ'leʒnik]
ecuador (m)	równik (m)	['ruvnik]
cielo (m)	niebo (n)	['nebɔ]
horizonte (m)	horyzont (m)	[hɔ'rizɔnt]
atmósfera (f)	atmosfera (ż)	[atmɔs'fɛra]
montaña (f)	góra (ż)	['gura]
cima (f)	szczyt (m)	[ʃtʃit]
roca (f)	skała (ż)	['skawa]
colina (f)	wzgórze (ż)	['vzguʒɛ]
volcán (m)	wulkan (m)	['vuʎkan]
glaciar (m)	lodowiec (m)	[lɔ'dɔvets]
cascada (f)	wodospad (m)	[vɔ'dɔspat]

llanura (f)	równina (ż)	[ruv'nina]
río (m)	rzeka (m)	['ʒɛka]
manantial (m)	źródło (n)	['ʑrudwɔ]
ribera (f)	brzeg (m)	[bʒɛk]
río abajo (adv)	z prądem	[s 'prɔ̃dɛm]
río arriba (adv)	pod prąd	[pɔt prɔ̃t]

lago (m)	jezioro (m)	[e'ʒʑrɔ]
presa (f)	tama (ż)	['tama]
canal (m)	kanał (m)	['kanaw]
pantano (m)	bagno (n)	['bagnɔ]
hielo (m)	lód (m)	[lyt]

19. Los países. Unidad 1

Europa (f)	Europa (ż)	[ɛu'rɔpa]
Unión (f) Europea	Unia (ż) Europejska	['uɲja ɛurɔ'pɛjska]
europeo (m)	Europejczyk (m)	[ɛurɔ'pɛjʧik]
europeo (adj)	europejski	[ɛurɔ'pɛjski]

Austria (f)	Austria (ż)	['austrʰja]
Gran Bretaña (f)	Wielka Brytania (ż)	['veʎka bri'taɲja]
Inglaterra (f)	Anglia (ż)	['aɲʎja]
Bélgica (f)	Belgia (ż)	['bɛʎgʰja]
Alemania (f)	Niemcy (l.mn.)	['nemʦi]

Países Bajos (m pl)	Niderlandy (l.mn.)	[nidɛr'ʎandi]
Holanda (f)	Holandia (ż)	[hɔ'ʎandʰja]
Grecia (f)	Grecja (ż)	['grɛʦʰja]
Dinamarca (f)	Dania (ż)	['daɲja]
Irlanda (f)	Irlandia (ż)	[ir'ʎandʰja]

Islandia (f)	Islandia (ż)	[is'ʎandʰja]
España (f)	Hiszpania (ż)	[hiʃ'paɲja]
Italia (f)	Włochy (l.mn.)	['vwɔhi]
Chipre (m)	Cypr (m)	[ʦipr]
Malta (f)	Malta (ż)	['maʎta]

Noruega (f)	Norwegia (ż)	[nɔr'vɛgʰja]
Portugal (m)	Portugalia (ż)	[pɔrtu'gaʎja]
Finlandia (f)	Finlandia (ż)	[fin'ʎandʰja]
Francia (f)	Francja (ż)	['franʦʰja]
Suecia (f)	Szwecja (ż)	['ʃfɛʦʰja]

Suiza (f)	Szwajcaria (ż)	[ʃfaj'ʦarʰja]
Escocia (f)	Szkocja (ż)	['ʃkɔʦʰja]
Vaticano (m)	Watykan (m)	[va'tikan]
Liechtenstein (m)	Liechtenstein (m)	['lihtɛnʃtajn]
Luxemburgo (m)	Luksemburg (m)	['lyksɛmburk]
Mónaco (m)	Monako (n)	[mɔ'nakɔ]

Albania (f)	Albania (ż)	[aʎ'baɲja]
Bulgaria (f)	Bułgaria (ż)	[buw'garʰja]
Hungría (f)	Węgry (l.mn.)	['vɛŋri]
Letonia (f)	Łotwa (ż)	['wɔtfa]

Lituania (f)	Litwa (ż)	['litfa]
Polonia (f)	Polska (ż)	['pɔʎska]
Rumania (f)	Rumunia (ż)	[ru'muɲja]
Serbia (f)	Serbia (ż)	['sɛrbʰja]
Eslovaquia (f)	Słowacja (ż)	[swɔ'vatsʰja]

Croacia (f)	Chorwacja (ż)	[hɔr'vatsʰja]
Chequia (f)	Czechy (l.mn.)	['ʧɛhi]
Estonia (f)	Estonia (ż)	[ɛs'tɔɲja]
Bosnia y Herzegovina	Bośnia i Hercegowina (ż)	['bɔɕɲa i hɛrtsɛgɔ'vina]
Macedonia	Macedonia (ż)	[matsɛ'dɔɲja]

Eslovenia	Słowenia (ż)	[swɔ'vɛɲja]
Montenegro (m)	Czarnogóra (ż)	[ʧarnɔ'gura]
Bielorrusia (f)	Białoruś (ż)	[bʲa'woruɕ]
Moldavia (f)	Mołdawia (ż)	[mɔw'davʰja]
Rusia (f)	Rosja (ż)	['rɔsʰja]
Ucrania (f)	Ukraina (ż)	[ukra'ina]

20. Los países. Unidad 2

Asia (f)	Azja (ż)	['azʰja]
Vietnam (m)	Wietnam (m)	['vʰetnam]
India (f)	Indie (l.mn.)	['indʰe]
Israel (m)	Izrael (m)	[iz'raɛʎ]
China (f)	Chiny (l.mn.)	['hini]

Líbano (m)	Liban (m)	['liban]
Mongolia (f)	Mongolia (ż)	[mɔ'ŋɔʎja]
Malasia (f)	Malezja (ż)	[ma'lezʰja]
Pakistán (m)	Pakistan (m)	[pa'kistan]
Arabia (f) Saudita	Arabia (ż) Saudyjska	[a'rabʰja sau'dijska]

Tailandia (f)	Tajlandia (ż)	[taj'ʎandʰja]
Taiwán (m)	Tajwan (m)	['tajvan]
Turquía (f)	Turcja (ż)	['turtsʰja]
Japón (m)	Japonia (ż)	[ja'pɔɲja]
Afganistán (m)	Afganistan (n)	[avga'nistan]

Bangladesh (m)	Bangladesz (m)	[baŋʎa'dɛʃ]
Indonesia (f)	Indonezja (ż)	[indɔ'nɛzʰja]
Jordania (f)	Jordania (ż)	[ɜr'daɲja]
Irak (m)	Irak (m)	['irak]
Irán (m)	Iran (m)	['iran]
Camboya (f)	Kambodża (ż)	[kam'bɔdʒa]

Kuwait (m)	Kuwejt (m)	['kuvɛjt]
Laos (m)	Laos (m)	['ʎaɔs]
Myanmar (m)	Mjanma (ż)	['mjanma]
Nepal (m)	Nepal (m)	['nɛpaʎ]

Emiratos (m pl) Árabes Unidos	Zjednoczone Emiraty Arabskie	[zʰednɔt'ʃɔnɛ ɛmi'rati a'rapske]
Siria (f)	Syria (ż)	['sirʰja]
Palestina (f)	Autonomia (ż) Palestyńska	[autɔ'nɔmʰja palesʹtiɲska]
Corea (f) del Sur	Korea (ż) Południowa	[kɔ'rɛa pɔwud'nɜva]
Corea (f) del Norte	Korea (ż) Północna	[kɔ'rɛa puw'nɔtsna]

Estados Unidos de América	Stany (l.mn.) Zjednoczone Ameryki	['stani zʰednɔt'ʃɔnɛ a'mɛriki]
Canadá (f)	Kanada (ż)	[ka'nada]
Méjico (m)	Meksyk (m)	['mɛksik]
Argentina (f)	Argentyna (ż)	[argɛn'tina]
Brasil (m)	Brazylia (ż)	[bra'ziʎja]

Colombia (f)	Kolumbia (ż)	[kɔ'lymbʰja]
Cuba (f)	Kuba (ż)	['kuba]
Chile (m)	Chile (n)	['ʧile]
Venezuela (f)	Wenezuela (ż)	[vɛnɛzu'ɛʎa]
Ecuador (m)	Ekwador (m)	[ɛk'fadɔr]

Islas (f pl) Bahamas	Wyspy (l.mn.) Bahama	['vispi ba'hama]
Panamá (f)	Panama (ż)	[pa'nama]
Egipto (m)	Egipt (m)	['ɛgipt]
Marruecos (m)	Maroko (n)	[ma'rɔkɔ]
Túnez (m)	Tunezja (ż)	[tu'nɛzʰja]

Kenia (f)	Kenia (ż)	['kɛɲja]
Libia (f)	Libia (ż)	['libʰja]
República (f) Sudafricana	Afryka (ż) Południowa	['afrika pɔwud'nɜva]
Australia (f)	Australia (ż)	[aust'raʎja]
Nueva Zelanda (f)	Nowa Zelandia (ż)	['nɔva zɛ'ʎandʰja]

21. El tiempo. Los desastres naturales

tiempo (m)	pogoda (ż)	[pɔ'gɔda]
previsión (f) del tiempo	prognoza (ż) pogody	[prɔg'nɔza pɔ'gɔdi]
temperatura (f)	temperatura (ż)	[tɛmpɛra'tura]
termómetro (m)	termometr (m)	[tɛr'mɔmɛtr]
barómetro (m)	barometr (m)	[ba'rɔmɛtr]

sol (m)	słońce (n)	['swɔɲtsɛ]
brillar (vi)	świecić	['ɕfjeʧiʧ]
soleado (un día ~)	słoneczny	[swɔ'nɛʧni]
elevarse (el sol)	wzejść	[vzɛjɕʧ]

ponerse (vr)	zajść	[zajɕʨ]
lluvia (f)	deszcz (m)	[dɛʃʧ]
está lloviendo	pada deszcz	['pada dɛʃʧ]
aguacero (m)	ulewny deszcz (m)	[u'levnɨ dɛʃʧ]
nubarrón (m)	chmura (ż)	['hmura]
charco (m)	kałuża (ż)	[ka'wuʒa]
mojarse (vr)	moknąć	['mɔknɔ̃ʨ]
tormenta (f)	burza (ż)	['buʒa]
relámpago (m)	błyskawica (ż)	[bwɨska'viʦa]
relampaguear (vi)	błyskać	['bwɨskaʨ]
trueno (m)	grzmot (m)	[gʒmɔt]
está tronando	grzmi	[gʒmi]
granizo (m)	grad (m)	[grat]
está granizando	pada grad	['pada grat]
bochorno (m)	żar (m)	[ʒar]
hace mucho calor	goraco	[gɔ'rɔ̃ʦɔ]
hace calor (templado)	ciepło	['ʨepwɔ]
hace frío	zimno	['ʑimnɔ]
niebla (f)	mgła (ż)	[mgwa]
nebuloso (adj)	mglisty	['mglistɨ]
nube (f)	obłok (m)	['ɔbwɔk]
nuboso (adj)	zachmurzony	[zahmu'ʒɔnɨ]
humedad (f)	wilgoć (ż)	['viʎgɔʨ]
nieve (f)	śnieg (m)	[ɕnek]
está nevando	pada śnieg	['pada ɕnek]
helada (f)	mróz (m)	[mrus]
bajo cero (adv)	poniżej zera	[pɔ'niʒɛj 'zɛra]
escarcha (f)	szron (m)	[ʃrɔn]
mal tiempo (m)	niepogoda (ż)	[nepɔ'gɔda]
catástrofe (f)	katastrofa (ż)	[katast'rɔfa]
inundación (f)	powódź (ż)	['pɔvuʨ]
avalancha (f)	lawina (ż)	[ʎa'vina]
terremoto (m)	trzęsienie (n) ziemi	[ʧɛ̃'ɕene 'ʒemi]
sacudida (f)	wstrząs (m)	[fstʧɔ̃s]
epicentro (m)	epicentrum (n)	[ɛpi'ʦɛntrum]
erupción (f)	wybuch (m)	['vibuh]
lava (f)	lawa (ż)	['ʎava]
tornado (m)	tornado (n)	[tɔr'nadɔ]
torbellino (m)	trąba (ż) powietrzna	['trɔ̃ba pɔ'vetʃna]
huracán (m)	huragan (m)	[hu'ragan]
tsunami (m)	tsunami (n)	[ʦu'nami]
ciclón (m)	cyklon (m)	['ʦɨklɔn]

22. Los animales. Unidad 1

animal (m)	zwierzę (n)	['zveʒɛ̃]
carnívoro (m)	drapieżnik (m)	[dra'peʒnik]
tigre (m)	tygrys (m)	['tigris]
león (m)	lew (m)	[lef]
lobo (m)	wilk (m)	[viʎk]
zorro (m)	lis (m)	[lis]
jaguar (m)	jaguar (m)	[ja'guar]
lince (m)	ryś (m)	[riɕ]
coyote (m)	kojot (m)	['kɔɔt]
chacal (m)	szakal (m)	['ʃakaʎ]
hiena (f)	hiena (ż)	['hʰena]
ardilla (f)	wiewiórka (ż)	[ve'vyrka]
erizo (m)	jeż (m)	[eʃ]
conejo (m)	królik (m)	['krulik]
mapache (m)	szop (m)	[ʃɔp]
hámster (m)	chomik (m)	['hɔmik]
topo (m)	kret (m)	[krɛt]
ratón (m)	mysz (ż)	[miʃ]
rata (f)	szczur (m)	[ʃʧur]
murciélago (m)	nietoperz (m)	[ne'tɔpɛʃ]
castor (m)	bóbr (m)	[bubr]
caballo (m)	koń (m)	[kɔɲ]
ciervo (m)	jeleń (m)	['eleɲ]
camello (m)	wielbłąd (m)	['veʎbwõt]
cebra (f)	zebra (ż)	['zɛbra]
ballena (f)	wieloryb (m)	[ve'lɔrip]
foca (f)	foka (ż)	['fɔka]
morsa (f)	mors (m)	[mɔrs]
delfín (m)	delfin (m)	['dɛʎfin]
oso (m)	niedźwiedź (m)	['nedʒ'vetʃ]
mono (m)	małpa (ż)	['mawpa]
elefante (m)	słoń (m)	['swɔɲ]
rinoceronte (m)	nosorożec (m)	[nɔsɔ'rɔʒɛʦ]
jirafa (f)	żyrafa (ż)	[ʒi'rafa]
hipopótamo (m)	hipopotam (m)	[hipɔ'pɔtam]
canguro (m)	kangur (m)	['kaɲur]
gata (f)	kotka (ż)	['kɔtka]
perro (m)	pies (m)	[pes]
vaca (f)	krowa (ż)	['krɔva]
toro (m)	byk (m)	[bik]

| oveja (f) | owca (ż) | ['ɔftsa] |
| cabra (f) | koza (ż) | ['kɔza] |

asno (m)	osioł (m)	['ɔɕɜw]
cerdo (m)	świnia (ż)	['ɕfiɲa]
gallina (f)	kura (ż)	['kura]
gallo (m)	kogut (m)	['kɔgut]

pato (m)	kaczka (ż)	['katʃka]
ganso (m)	gęś (ż)	[gɛɕ]
pava (f)	indyczka (ż)	[in'ditʃka]
perro (m) pastor	owczarek (m)	[ɔft'ʃarɛk]

23. Los animales. Unidad 2

pájaro (m)	ptak (m)	[ptak]
paloma (f)	gołąb (m)	['gɔwɔ̃p]
gorrión (m)	wróbel (m)	['vrubɛʎ]
carbonero (m)	sikorka (ż)	[ɕi'kɔrka]
urraca (f)	sroka (ż)	['srɔka]

águila (f)	orzeł (m)	['ɔʒɛw]
azor (m)	jastrząb (m)	['jastʃɔ̃p]
halcón (m)	sokół (m)	['sɔkuw]

cisne (m)	łabędź (m)	['wabɛ̃tʃ]
grulla (f)	żuraw (m)	['ʒuraf]
cigüeña (f)	bocian (m)	['bɔtʃan]
loro (m), papagayo (m)	papuga (ż)	[pa'puga]
pavo (m) real	paw (m)	[paf]
avestruz (m)	struś (m)	[struɕ]

garza (f)	czapla (ż)	['tʃapʎa]
ruiseñor (m)	słowik (m)	['swɔvik]
golondrina (f)	jaskółka (ż)	[jas'kuwka]
pájaro carpintero (m)	dzięcioł (m)	['dʒɛ̃tʃɔw]
cuco (m)	kukułka (ż)	[ku'kuwka]
lechuza (f)	sowa (ż)	['sɔva]

pingüino (m)	pingwin (m)	['piŋvin]
atún (m)	tuńczyk (m)	['tuɲtʃik]
trucha (f)	pstrąg (m)	[pstrɔ̃k]
anguila (f)	węgorz (m)	['vɛŋɔʃ]

tiburón (m)	rekin (m)	['rɛkin]
centolla (f)	krab (m)	[krap]
medusa (f)	meduza (ż)	[mɛ'duza]
pulpo (m)	ośmiornica (ż)	[ɔɕmɜr'nitsa]
estrella (f) de mar	rozgwiazda (ż)	[rɔzg'vʲazda]
erizo (m) de mar	jeżowiec (m)	[e'ʒɔvɛts]

| caballito (m) de mar | konik (m) morski | ['kɔnik 'mɔrski] |
| camarón (m) | krewetka (ż) | [krɛ'vɛtka] |

serpiente (f)	wąż (m)	[võʃ]
víbora (f)	żmija (ż)	['ʒmija]
lagarto (m)	jaszczurka (ż)	[jaʃt'ʃurka]
iguana (f)	legwan (m)	['legvan]
camaleón (m)	kameleon (m)	[kamɛ'leɔn]
escorpión (m)	skorpion (m)	['skɔrpʰɜn]

tortuga (f)	żółw (m)	[ʒuwf]
rana (f)	żaba (ż)	['ʒaba]
cocodrilo (m)	krokodyl (m)	[krɔ'kɔdiʎ]
insecto (m)	owad (m)	['ɔvat]
mariposa (f)	motyl (m)	['mɔtiʎ]
hormiga (f)	mrówka (ż)	['mrufka]
mosca (f)	mucha (ż)	['muha]

mosquito (m) (picadura de ~)	komar (m)	['kɔmar]
escarabajo (m)	żuk (m), chrząszcz (m)	[ʒuk], [hʃõʃʧ]
abeja (f)	pszczoła (ż)	['pʃʧɔwa]
araña (f)	pająk (m)	['paõk]
mariquita (f)	biedronka (ż)	[bed'rɔŋka]

24. Los árboles. Las plantas

árbol (m)	drzewo (n)	['dʒɛvɔ]
abedul (m)	brzoza (ż)	['bʒɔza]
roble (m)	dąb (m)	[dõp]
tilo (m)	lipa (ż)	['lipa]
pobo (m)	osika (ż)	[ɔ'ɕika]

arce (m)	klon (m)	['klɜn]
pícea (f)	świerk (m)	['ɕferk]
pino (m)	sosna (ż)	['sɔsna]
cedro (m)	cedr (m)	[ʦɛdr]

álamo (m)	topola (ż)	[tɔ'pɔʎa]
serbal (m)	jarzębina (ż)	[jaʒɛ'bina]
haya (f)	buk (m)	[buk]
olmo (m)	wiąz (m)	[võz]

fresno (m)	jesion (m)	['eɕɜn]
castaño (m)	kasztan (m)	['kaʃtan]
palmera (f)	palma (ż)	['paʎma]
mata (f)	krzew (m)	[kʃɛf]

| seta (f) | grzyb (m) | [gʒip] |
| seta (f) venenosa | grzyb (m) trujący | [gʒip truõʦi] |

seta calabaza (f)	prawdziwek (m)	[prav'dʒivɛk]
rúsula (f)	gołąbek (m)	[gɔ'wɔ̃bɛk]
matamoscas (m)	muchomor (m)	[mu'hɔmɔr]
oronja (f) verde	psi grzyb (m)	[pɕi gʒɨp]
flor (f)	kwiat (m)	[kfʲat]
ramo (m) de flores	bukiet (m)	['buket]
rosa (f)	róża (ż)	['ruʒa]
tulipán (m)	tulipan (m)	[tu'lipan]
clavel (m)	goździk (m)	['gɔʑdʑik]
manzanilla (f)	rumianek (m)	[ru'mʲanɛk]
cacto (m)	kaktus (m)	['kaktus]
muguete (m)	konwalia (ż)	[kɔn'vaʎja]
campanilla (f) de las nieves	przebiśnieg (m)	[pʃɛ'biɕnek]
nenúfar (m)	lilia wodna (ż)	['liʎja 'vɔdna]
invernadero (m) tropical	szklarnia (ż)	['ʃkʎarɲa]
césped (m)	trawnik (m)	['travnik]
macizo (m) de flores	klomb (m)	['klɔmp]
planta (f)	roślina (ż)	[rɔɕ'lina]
hierba (f)	trawa (ż)	['trava]
hoja (f)	liść (m)	[liɕtʃ]
pétalo (m)	płatek (m)	['pwatɛk]
tallo (m)	łodyga (ż)	[wɔ'dɨga]
retoño (m)	kiełek (m)	['kewɛk]
cereales (m pl) (plantas)	zboża (l.mn.)	['zbɔʒa]
trigo (m)	pszenica (ż)	[pʃɛ'nitsa]
centeno (m)	żyto (n)	['ʒitɔ]
avena (f)	owies (m)	['ɔves]
mijo (m)	proso (n)	['prɔsɔ]
cebada (f)	jęczmień (m)	['entʃmɛ̃]
maíz (m)	kukurydza (ż)	[kuku'ridza]
arroz (m)	ryż (m)	[riʃ]

25. Varias palabras útiles

alto (m) (parada temporal)	przerwa (ż)	['pʃɛrva]
ayuda (f)	pomoc (ż)	['pɔmɔts]
balance (m)	równowaga (ż)	[ruvnɔ'vaga]
base (f) (~ científica)	baza (ż)	['baza]
categoría (f)	kategoria (ż)	[katɛ'gɔrʲja]
coincidencia (f)	koincydencja (ż)	[kɔjnsi'dɛnsija]
comienzo (m) (principio)	początek (m)	[pɔt'ʃɔ̃tɛk]
comparación (f)	porównanie (n)	[pɔruv'nane]
desarrollo (m)	rozwój (m)	['rɔzvuj]

diferencia (f)	różnica (ż)	[ruʒ'niʦa]
efecto (m)	efekt (m)	['ɛfɛkt]
ejemplo (m)	przykład (m)	['pʃikwat]
variedad (f) (selección)	wybór (m)	['vibur]
elemento (m)	element (m)	[ɛ'lemɛnt]
error (m)	błąd (m)	[bwɔ̃t]

esfuerzo (m)	wysiłek (m)	[vi'ɕiwɛk]
estándar (adj)	standardowy	[standar'dɔvi]
estilo (m)	styl (m)	[stiʎ]
forma (f) (contorno)	kształt (m)	['kʃtawt]
grado (m) (en mayor ~)	stopień (m)	['stɔpɛɲ]
hecho (m)	fakt (m)	[fakt]
ideal (m)	ideał (m)	[i'dɛaw]
modo (m) (de otro ~)	sposób (m)	['spɔsup]
momento (m)	moment (m)	['mɔmɛnt]

obstáculo (m)	przeszkoda (ż)	[pʃɛʃ'kɔda]
parte (f)	część (ż)	[ʧɛ̃cʧ]
pausa (f)	pauza (ż)	['pauza]
posición (f)	stanowisko (n)	[stanɔ'viskɔ]
problema (m)	problem (m)	['prɔblem]
proceso (m)	proces (m)	['prɔtsɛs]
progreso (m)	postęp (m)	['pɔstɛ̃p]
propiedad (f) (cualidad)	właściwość (ż)	[vwac'ʧivɔcʧ]
reacción (f)	reakcja (ż)	[rɛ'akʦʰja]
riesgo (m)	ryzyko (n)	['riziko]

secreto (m)	tajemnica (ż)	[taem'niʦa]
serie (f)	seria (ż)	['sɛrʰja]
sistema (m)	system (m)	['sistɛm]
situación (f)	sytuacja (ż)	[situ'atsʰja]
solución (f)	rozwiązanie (n)	[rɔzvɔ̃'zane]
tabla (f) (~ de multiplicar)	tablica (ż)	[tab'liʦa]
tempo (m) (ritmo)	tempo (n)	['tɛmpɔ]

término (m)	termin (m)	['tɛrmin]
tipo (m)	rodzaj (m)	['rɔʣaj]
(p.ej. ~ de deportes)		
turno (m) (esperar su ~)	kolej (ż)	['kɔlej]
urgente (adj)	pilny	['piʎnɨ]
utilidad (f)	korzyść (ż)	['kɔʒicʧ]
variante (f)	wariant (m)	['varʰjant]
verdad (f)	prawda (ż)	['pravda]
zona (f)	strefa (ż)	['strɛfa]

26. Los adjetivos. Unidad 1

| abierto (adj) | otwarty | [ɔt'farti] |
| adicional (adj) | dodatkowy | [dɔdat'kɔvi] |

agrio (sabor ~)	kwaśny	['kfaɕɲi]
agudo (adj)	ostry	['ɔstri]
amargo (adj)	gorzki	['gɔʃki]
amplio (~a habitación)	przestronny	[pʃɛst'rɔɲi]
antiguo (adj)	dawny	['davɲi]
arriesgado (adj)	ryzykowny	[rizi'kɔvɲi]
artificial (adj)	sztuczny	['ʃtuʧɲi]
azucarado, dulce (adj)	słodki	['swɔtki]
bajo (voz ~a)	cichy	['ʨihi]
bello (hermoso)	piękny	['peŋkɲi]
blando (adj)	miękki	['meŋki]
bronceado (adj)	opalony	[ɔpa'lɔɲi]
central (adj)	centralny	[ʦɛnt'raʎɲi]
ciego (adj)	ślepy	['ɕlepi]
clandestino (adj)	podziemny	[pɔ'dʑemɲi]
compatible (adj)	kompatybilny	[kɔmpati'biʎɲi]
congelado (pescado ~)	mrożony	[mrɔ'ʒɔɲi]
contento (adj)	zadowolony	[zadɔvɔ'lɔɲi]
continuo (adj)	długotrwały	[dwugɔtr'fawi]
cortés (adj)	uprzejmy	[up'ʃɛjmi]
corto (adj)	krótki	['krutki]
crudo (huevos ~s)	surowy	[su'rɔvi]
de segunda mano	używany	[uʒi'vani]
denso (~a niebla)	gęsty	['gɛnsti]
derecho (adj)	prawy	['pravi]
difícil (decisión)	trudny	['trudɲi]
dulce (agua ~)	słodki	['swɔtki]
duro (material, etc.)	twardy	['tfardi]
enfermo (adj)	chory	['hɔri]
enorme (adj)	ogromny	[ɔg'rɔmɲi]
especial (adj)	specjalny	[spɛʦʰ'jaʎɲi]
estrecho (calle, etc.)	wąski	['võski]
exacto (adj)	dokładny	[dɔk'wadɲi]
excelente (adj)	świetny	['ɕfetɲi]
excesivo (adj)	nadmierny	[nad'merɲi]
exterior (adj)	zewnętrzny	[zɛv'nɛnʧɲi]
fácil (adj)	łatwy	['watfi]
feliz (adj)	szczęśliwy	[ʃʧɛɕ'livi]
fértil (la tierra ~)	urodzajny	[urɔ'dʑajɲi]
frágil (florero, etc.)	kruchy	['kruhi]
fuerte (~ voz)	głośny	['gwɔɕɲi]
fuerte (adj)	silny	['ɕiʎɲi]
grande (en dimensiones)	duży	['duʒi]
gratis (adj)	bezpłatny	[bɛsp'watɲi]

importante (adj)	ważny	['vaʒni]
infantil (adj)	dziecięcy	[dʑe'tʃentsi]
inmóvil (adj)	nieruchomy	[neru'hɔmi]
inteligente (adj)	sprytny	['spritni]
interior (adj)	wewnętrzny	[vɛv'nɛntʃni]
izquierdo (adj)	lewy	['levi]

27. Los adjetivos. Unidad 2

largo (camino)	długi	['dwugi]
legal (adj)	prawny	['pravni]
ligero (un metal ~)	lekki	['lekki]
limpio (camisa ~)	czysty	['tʃisti]
líquido (adj)	płynny	['pwiɲi]

liso (piel, pelo, etc.)	gładki	['gwatki]
lleno (adj)	pełny	['pɛwni]
maduro (fruto, etc.)	dojrzały	[dɔj'ʒawi]
malo (adj)	zły	[zwi]
mate (sin brillo)	matowy	[ma'tɔvi]

misterioso (adj)	tajemniczy	[taem'nitʃi]
muerto (adj)	martwy	['martfi]
natal (país ~)	ojczysty	[ɔjt'ʃisti]
negativo (adj)	negatywny	[nɛga'tivni]
no difícil (adj)	nietrudny	[net'rudni]

normal (adj)	normalny	[nɔr'maʎni]
nuevo (adj)	nowy	['nɔvi]
obligatorio (adj)	obowiązkowy	[ɔbɔvʰɔ̃s'kɔvi]
opuesto (adj)	przeciwny	[pʃɛ'tʃivni]
ordinario (adj)	zwykły	['zvikwi]

original (inusual)	oryginalny	[ɔrigi'naʎni]
peligroso (adj)	niebezpieczny	[nebɛs'petʃni]
pequeño (adj)	mały	['mawi]
perfecto (adj)	doskonały	[dɔskɔ'nawi]
personal (adj)	osobisty	[ɔsɔ'bisti]
pobre (adj)	biedny	['bedni]

poco claro (adj)	niejasny	[ne'jasni]
poco profundo (adj)	płytki	['pwitki]
posible (adj)	możliwy	[mɔʒ'livi]
principal (~ idea)	podstawowy	[pɔtsta'vɔvi]
principal (la entrada ~)	główny	['gwuvni]

probable (adj)	prawdopodobny	[pravdɔpɔ'dɔbni]
público (adj)	publiczny	[pub'litʃni]
rápido (adj)	szybki	['ʃipki]
raro (adj)	rzadki	['ʒatki]

recto (línea ~a)	prosty	['prɔsti]
sabroso (adj)	smaczny	['smatʃni]
siguiente (avión, etc.)	następny	[nas'tɛpni]
similar (adj)	podobny	[pɔ'dɔbni]
sólido (~a pared)	trwały	['trfawi]
sucio (no limpio)	brudny	['brudni]
tonto (adj)	głupi	['gwupi]
triste (mirada ~)	smutny	['smutni]
último (~a oportunidad)	ostatni	[ɔs'tatni]
último (~a vez)	ubiegły	[u'begwi]
vacío (vaso medio ~)	pusty	['pusti]
viejo (casa ~a)	stary	['stari]

28. Los verbos. Unidad 1

abrir (vt)	otwierać	[ɔt'feratʃ]
acabar, terminar (vt)	kończyć	['kɔntʃitʃ]
acusar (vt)	obwiniać	[ɔb'vinatʃ]
agradecer (vt)	dziękować	[dʒɛ̃'kɔvatʃ]
almorzar (vi)	jeść obiad	[eɕtʃ 'ɔbʲat]
alquilar (~ una casa)	wynajmować	[vinaj'mɔvatʃ]
anular (vt)	odwołać	[ɔd'vɔwatʃ]
anunciar (vt)	ogłaszać	[ɔg'waʃatʃ]
apagar (vt)	wyłączać	[vi'wɔ̃tʃatʃ]
autorizar (vt)	zezwalać	[zɛz'vaʎatʃ]
ayudar (vt)	pomagać	[pɔ'magatʃ]
bailar (vi, vt)	tańczyć	['taɲtʃitʃ]
beber (vi, vt)	pić	[pitʃ]
borrar (vt)	usunąć	[u'sunɔ̃tʃ]
bromear (vi)	żartować	[ʒar'tɔvatʃ]
bucear (vi)	nurkować	[nur'kɔvatʃ]
caer (vi)	spadać	['spadatʃ]
cambiar (vt)	zmienić	['zmenitʃ]
cantar (vi)	śpiewać	['ɕpevatʃ]
cavar (vt)	kopać	['kɔpatʃ]
cazar (vi, vt)	polować	[pɔ'lɔvatʃ]
cenar (vi)	jeść kolację	[eɕtʃ kɔ'ʎatsʰɛ̃]
cerrar (vt)	zamykać	[za'mikatʃ]
cesar (vt)	przestawać	[pʃɛs'tavatʃ]
coger (vt)	łowić	['wɔvitʃ]
comenzar (vt)	rozpoczynać	[rɔspɔt'ʃinatʃ]
comer (vi, vt)	jeść	[eɕtʃ]
comparar (vt)	porównywać	[pɔruv'nivatʃ]
comprar (vt)	kupować	[ku'pɔvatʃ]
comprender (vt)	rozumieć	[rɔ'zumetʃ]

confiar (vt)	ufać	['ufatɕ]
confirmar (vt)	potwierdzić	[pɔt'ferdʑitɕ]
conocer (~ a alguien)	znać	[znatɕ]

construir (vt)	budować	[bu'dɔvatɕ]
contar (una historia)	opowiadać	[ɔpɔ'vʲadatɕ]
contar (vt) (enumerar)	liczyć	['litɕitɕ]
contar con ...	liczyć na ...	['litɕitɕ na]
copiar (vt)	skopiować	[skɔ'pʲɔvatɕ]
correr (vi)	biec	[bʲets]

costar (vt)	kosztować	[kɔʃ'tɔvatɕ]
crear (vt)	stworzyć	['stfɔʑitɕ]
creer (en Dios)	wierzyć	['veʑitɕ]
dar (vt)	dawać	['davatɕ]
decidir (vt)	decydować	[dɛtsi'dɔvatɕ]

decir (vt)	powiedzieć	[pɔ'vedʑetɕ]
dejar caer	upuszczać	[u'puʃtɕatɕ]
depender de ...	zależeć od ...	[za'leʑɛtɕ ɔd]
desaparecer (vi)	zniknąć	['zniknɔ̃tɕ]
desayunar (vi)	jeść śniadanie	[eɕtɕ ɕɲa'dane]

despreciar (vt)	pogardzać	[pɔ'gardzatɕ]
disculpar (vt)	wybaczać	[vɨ'batɕatɕ]
disculparse (vr)	przepraszać	[pʃɛp'raʃatɕ]
discutir (vt)	omawiać	[ɔ'mavʲatɕ]
divorciarse (vr)	rozwieść się	['rɔzveɕtɕ ɕɛ̃]
dudar (vt)	wątpić	['vɔ̃tpitɕ]

29. Los verbos. Unidad 2

encender (vt)	włączać	['vwɔ̃tɕatɕ]
encontrar (hallar)	znajdować	[znaj'dɔvatɕ]
encontrarse (vr)	spotkać się	['spɔtkatɕ ɕɛ̃]
engañar (vi, vt)	oszukiwać	[ɔʃu'kivatɕ]
enviar (vt)	wysyłać	[vɨ'siwatɕ]
equivocarse (vr)	mylić się	['mɨlitɕ ɕɛ̃]

escoger (vt)	wybierać	[vɨ'beratɕ]
esconder (vt)	chować	['hɔvatɕ]
escribir (vt)	pisać	['pisatɕ]
esperar (aguardar)	czekać	['tɕɛkatɕ]
esperar (tener esperanza)	mieć nadzieję	[metɕ na'dʑeɛ̃]
estar ausente	być nieobecnym	[bitɕ neɔ'bɛtsnim]

estar cansado	być zmęczonym	[bitɕ zmɛ̃'tɕɔnim]
estar de acuerdo	zgadzać się	['zgadzatɕ ɕɛ̃]
estudiar (vt)	studiować	[studʰɔvatɕ]
exigir (vt)	zażądać	[za'ʑɔ̃datɕ]

existir (vi)	istnieć	['istnetɕ]
explicar (vt)	objaśniać	[ɔbʰ'jaɕɲatɕ]
faltar (a las clases)	opuszczać	[ɔ'puʃtʃatɕ]
felicitar (vt)	gratulować	[gratu'lɜvatɕ]
firmar (~ el contrato)	podpisywać	[pɔtpi'sivatɕ]
girar (~ a la izquierda)	skręcać	['skrɛntsatɕ]
gritar (vi)	krzyczeć	['kʃitʃɛtɕ]

guardar (conservar)	zachowywać	[zahɔ'vivatɕ]
gustar (vi)	podobać się	[pɔ'dɔbatɕ ɕɛ̃]
hablar (vi, vt)	rozmawiać	[rɔz'maviatɕ]
hablar con ...	rozmawiać	[rɔz'maviatɕ]
hacer (vt)	robić	['rɔbitɕ]

hacer la limpieza	sprzątać	['spʃɔ̃tatɕ]
insistir (vi)	nalegać	[na'legatɕ]
insultar (vt)	znieważać	[zne'vaʒatɕ]
invitar (vt)	zapraszać	[zap'raʃatɕ]
ir (a pie)	iść	[iɕtɕ]

jugar (divertirse)	grać	[gratɕ]
leer (vi, vt)	czytać	['tʃitatɕ]
llegar (vi)	przyjeżdżać	[pʃi'eʒdʒatɕ]
llorar (vi)	płakać	['pwakatɕ]
matar (vt)	zabijać	[za'bijatɕ]
mirar a ...	patrzeć	['patʃɛtɕ]

molestar (vt)	przeszkadzać	[pʃɛʃ'kadzatɕ]
morir (vi)	umrzeć	['umʒɛtɕ]
mostrar (vt)	pokazywać	[pɔka'zivatɕ]
nacer (vi)	urodzić się	[u'rɔdʒitɕ ɕɛ̃]
nadar (vi)	pływać	['pwivatɕ]
negar (vt)	zaprzeczać	[zap'ʃɛtʃatɕ]

obedecer (vi, vt)	podporządkować się	[pɔtpɔʒɔ̃d'kɔvatɕ ɕɛ̃]
odiar (vt)	nienawidzieć	[nena'vidʒetɕ]
oír (vt)	słyszeć	['swiʃɛtɕ]
olvidar (vt)	zapominać	[zapɔ'minatɕ]
orar (vi)	modlić się	['mɔdlitɕ ɕɛ̃]

30. Los verbos. Unidad 3

pagar (vi, vt)	płacić	['pwatɕitɕ]
participar (vi)	uczestniczyć	[utʃɛst'nitʃitɕ]
pegar (golpear)	bić	[bitɕ]
pelear (vi)	bić się	[bitɕ ɕɛ̃]
pensar (vi, vt)	myśleć	['miɕletɕ]
perder (paraguas, etc.)	tracić	['tratɕitɕ]
perdonar (vt)	przebaczać	[pʃɛ'batʃatɕ]
pertenecer a ...	należeć	[na'leʒɛtɕ]

poder (v aux)	móc	[muʦ]
poder (v aux)	móc	[muʦ]
preguntar (vt)	pytać	['pitaʧ]
preparar (la cena)	gotować	[gɔ'tɔvaʧ]

prever (vt)	przewidzieć	[pʃɛ'vidʑeʧ]
probar (vt)	udowadniać	[udɔ'vadɲaʧ]
prohibir (vt)	zakazać	[za'kazaʧ]
prometer (vt)	obiecać	[ɔ'beʦaʧ]
proponer (vt)	proponować	[prɔpɔ'nɔvaʧ]
quebrar (vt)	psuć	[psuʧ]

quejarse (vr)	skarżyć się	['skarʒiʧ ɕɛ̃]
querer (amar)	kochać	['kɔhaʧ]
querer (desear)	chcieć	[hʧeʧ]
recibir (vt)	odebrać	[ɔ'dɛbraʧ]
repetir (vt)	powtarzać	[pɔf'taʒaʧ]
reservar (~ una mesa)	rezerwować	[rɛzɛr'vɔvaʧ]

responder (vi, vt)	odpowiadać	[ɔtpɔ'vʲadaʧ]
robar (vt)	kraść	[kraɕʧ]
saber (~ algo mas)	wiedzieć	['vedʑeʧ]
salvar (vt)	ratować	[ra'tɔvaʧ]
secar (ropa, pelo)	suszyć	['suʃiʧ]

sentarse (vr)	siadać	['ɕadaʧ]
sonreír (vi)	uśmiechać się	[uɕ'mehaʧ ɕɛ̃]
tener (vt)	mieć	[meʧ]
tener miedo	bać się	[baʧ ɕɛ̃]

tener prisa	śpieszyć się	['ɕpeʃiʧ ɕɛ̃]
tener prisa	śpieszyć się	['ɕpeʃiʧ ɕɛ̃]
terminar (vt)	zakończyć	[za'kɔnʧiʧ]
tirar, disparar (vi)	strzelać	['stʃɛʎaʧ]
tomar (vt)	brać	[braʧ]
trabajar (vi)	pracować	[pra'ʦɔvaʧ]

traducir (vt)	tłumaczyć	[twu'maʧiʧ]
tratar (de hacer algo)	próbować	[pru'bɔvaʧ]
vender (vt)	sprzedawać	[spʃɛ'davaʧ]
ver (vt)	widzieć	['vidʑeʧ]
verificar (vt)	sprawdzać	['spravdzaʧ]
volar (pájaro, avión)	lecieć	['leʧeʧ]